汽车维修基础快速入门90天

第3版

李 林 主编

机械工业出版社

《汽车维修基础快速入门90天》是一本介绍汽车基础知识和基本维修技能的普及读物，以"每天一个专题"的形式，使用大量图表和生动简洁的语言，讲述了维修工上岗应知应会的知识技能和汽车保养与维护的基础知识，讲解了发动机、变速器、转向系统、制动系统、行驶系统、空调系统、电气系统及汽车车身的基本结构、工作原理，以及维修技巧、故障分析等基本技能。

　　本书着重讲解实际操作技巧和故障诊断与排除方法，力求使读者即学即会，具有很强的实用性，是一本对汽修人员大有帮助的培训与指导用书。

　　本书旨在帮助读者用大约三个月的时间学会汽车基础知识和基本维修技能，适合刚走上汽车维修岗位的初级技术人员阅读，也可作为汽车培训机构以及职业院校师生的参考书。

图书在版编目（CIP）数据

汽车维修基础快速入门90天/李林主编． —3版． —北京：机械工业出版社，2021.1
ISBN 978-7-111-67044-5

Ⅰ.①汽… Ⅱ.①李… Ⅲ.①汽车-车辆修理 Ⅳ.①U472.4

中国版本图书馆CIP数据核字（2020）第247224号

机械工业出版社（北京市百万庄大街22号　邮政编码100037）
策划编辑：连景岩　责任编辑：连景岩
责任校对：樊钟英　封面设计：鞠　杨
责任印制：张　博
北京宝隆世纪印刷有限公司印刷
2021年2月第3版第1次印刷
184mm×260mm・14.25印张・360千字
00001—10000册
标准书号：ISBN 978-7-111-67044-5
定价：99.00元

电话服务　　　　　　　网络服务
客服电话：010-88361066　机　工　官　网：www.cmpbook.com
　　　　　010-88379833　机　工　官　博：weibo.com/cmp1952
　　　　　010-68326294　金　书　　　网：www.golden-book.com
封底无防伪标均为盗版　机工教育服务网：www.cmpedu.com

前　言

随着我国私家车的普及和汽车整体保有量的增长，汽车已经成为人们日常生活中离不开的代步工具，是日常生活中重要的一部分。汽车的使用、保养与维修也日益受到用户的重视。汽车保有量的逐步增加对汽车保养与维修行业更是提出了前所未有的挑战。为了让更多驾驶人员和刚刚接触汽车保养与维修行业的初级维修工熟悉汽车保养、维修要点，掌握汽车结构原理和维修知识，提高从业人员的技术和实践水平，我们特编写了本书。

本书以"每天一个专题"的形式，重点讲述了维修工应具备的汽车基础知识和基本维修技能。全书共分七章，即维修工上岗应知应会、汽车的保养与维护、发动机维修必知必会、底盘维修必知必会、汽车空调维修必知必会、汽车电气系统维修必知必会、车身与涂装必知必会。

本书是《汽车维修基础快速入门90天》的第3版，在原来的基础上，新增了螺栓的拧紧力矩与拧紧方法、备胎的更换方法、四轮驱动系统（4WD）、无钥匙进入与起动系统、车身结构与涂装知识等相关内容，更加详细地介绍了发动机的结构与维修操作方法、手动变速器的结构与分解、电气系统的工作原理和电路的检修。更重要的是，全书配置了精美的彩图，让汽车构造原理更加清晰易懂、维修操作方法更为形象。这一切让本书变得更加丰富多彩。

本书借鉴了各种汽车专业培训和维修资料，内容准确、实用，着重于实际操作能力的培训，强调即学即用，是汽车运用与维修人员贴身、高效的"汽修老师"。

本书可作为汽车修理工入门和提高的自学教材以及汽车修理工职业技能鉴定的辅导用书，也可供汽车运用专业师生和从事汽车保养与维护、汽车运输管理、汽车维修管理的技术人员以及汽车修理工与驾驶人员阅读参考。

本书由李林主编，参加本书编写工作的还有李春、颜雪飞、颜复湘、欧阳汝平、朱莲芳、廖亚敏、赵小英、周家祥、陈庆吉、李玲玲、颜雪凤。

由于本书涉及内容较广，加之时间仓促，书中难免有不妥之处，敬请广大读者批评指正。

二维码清单

名　　称	页码	名　　称	页码
01. 电动和气动工具的使用	1	06. 四轮定位仪的操作	87
02. 汽车的快速保养流程	16	07. 空调系统常见故障的检查与排除	141
03. 可变气门正时系统	35	08. 学看汽车电路图	166
04. 发动机常见故障的检修	35	09. 汽车电路的基本检修方法	166
05. 电子驻车系统	87	10. 钣金作业流程	207

目　录

前言
二维码清单

第一章　维修工上岗应知应会 … 1
第 1 天　维修工的素质、道德与安全事项 … 1
第 2 天　熟悉汽修厂 … 4
第 3 天　举升和吊装设备的使用 … 5
第 4 天　电动和气动工具的使用 … 7
第 5 天　常见手动维修工具的使用 … 9
第 6 天　汽车的总体结构和主要参数 … 12
第 7 天　螺栓的拧紧力矩与拧紧方法 … 14

第二章　汽车的保养与维护 … 16
第 8 天　汽车保养周期与保养项目 … 16
第 9 天　汽车的日常保养与维护 … 18
第 10 天　汽车的季节性保养 … 22
第 11 天　一级保养 … 24
第 12 天　二级保养 … 26
第 13 天　汽车的快速保养流程 … 28
第 14 天　车辆年检前的检查 … 31
第 15 天　备胎的更换方法 … 33

第三章　发动机维修必知必会 … 35
第 16 天　发动机的总体构造与工作原理 … 35
第 17 天　动力总成悬置系统和发动机的吊卸 … 39
第 18 天　发动机附件传动带 … 42
第 19 天　进气系统 … 44
第 20 天　机体组 … 46
第 21 天　曲柄连杆机构 … 49
第 22 天　配气机构概述 … 53
第 23 天　配气机构的检修 … 55
第 24 天　可变气门正时系统 … 60
第 25 天　排气系统 … 62
第 26 天　涡轮增压系统 … 64

第27天	排气再循环系统		66
第28天	曲轴箱通风系统		68
第29天	燃油蒸发排放系统		70
第30天	燃油供给系统		72
第31天	冷却系统		75
第32天	润滑系统		78
第33天	点火系统		80
第34天	起动系统		82
第35天	发动机电控系统		84

第四章 底盘维修必知必会 ... 87

第36天	汽车底盘基础知识		87
第37天	离合器		90
第38天	手动变速器概述		93
第39天	手动变速器的维修		95
第40天	传动轴与半轴		97
第41天	行星齿轮式自动变速器		100
第42天	双离合变速器（DSG）		103
第43天	无级变速器（CVT）		106
第44天	平行轴式自动变速器		108
第45天	四轮驱动系统（4WD）		109
第46天	机械转向系统		111
第47天	电动助力转向系统		114
第48天	汽车制动系统概述		115
第49天	盘式制动器		118
第50天	鼓式制动器		120
第51天	制动系统的维修操作		123
第52天	电子驻车制动系统		125
第53天	前悬架		128
第54天	后悬架		130
第55天	车轮与轮胎		133
第56天	车轮的定位		136
第57天	四轮定位仪的操作		139

第五章 汽车空调维修必知必会 ... 141

第58天	汽车空调系统概述		141
第59天	空调制冷系统		143
第60天	空调暖风系统		146
第61天	手动空调控制系统		149
第62天	自动空调控制系统		151
第63天	空调系统抽真空		153

	第 64 天	制冷剂的加注	154
	第 65 天	冷冻机油的加注	156
	第 66 天	空调制冷系统的检漏	158
	第 67 天	用歧管压力表检查制冷系统	160
	第 68 天	空调系统常见故障的检查与排除	163

第六章 汽车电气系统维修必知必会 …… 166

- 第 69 天　汽车电气系统概述……166
- 第 70 天　汽车电路图形符号……168
- 第 71 天　学看汽车电路图……171
- 第 72 天　汽车电路的基本检修方法……176
- 第 73 天　充电系统……178
- 第 74 天　起动控制系统……180
- 第 75 天　汽车照明系统……183
- 第 76 天　照明控制电路……184
- 第 77 天　转向信号和危险警告灯……187
- 第 78 天　中控门锁系统……189
- 第 79 天　无钥匙进入与起动系统……192
- 第 80 天　电动车窗系统……196
- 第 81 天　电动天窗系统……199
- 第 82 天　电动后视镜系统……201
- 第 83 天　刮水器和洗涤器系统……203
- 第 84 天　汽车仪表系统……205

第七章 车身与涂装必知必会 …… 207

- 第 85 天　汽车车身概述……207
- 第 86 天　汽车车身的主要构成……209
- 第 87 天　车身钣金修复方法……211
- 第 88 天　车身面板的更换……214
- 第 89 天　汽车油漆涂层概述……216
- 第 90 天　面漆的分类与涂装工艺……217

第一章
维修工上岗应知应会

电动和气动
工具的使用

第 1 天　维修工的素质、道德与安全事项

1. 了解维修工应具备的基本素质和职业道德。
2. 了解维修操作时的注意事项。
3. 牢记维修安全事项。

一、维修工应具备的基本素质

随着我国汽车保有量的增加，汽车后市场对汽车维修技术工人的需求也在增多，熟练的汽车维修技术工人成了较为抢手的人才。作为汽车维修人员，除了懂得专业维修技术之外，还应具备以下基本素质：

1）思想端正。既然干这一行，就要脚踏实地，潜心钻研，不急于求成，不怕苦和累。

2）有一定的文化基础。现代的汽车维修工应具有一定的文化基础，最好是高中、中专以上学历。维修工具备一定的文化基础才能看懂一般的技术资料，如汽车维修手册、汽车电路图等。

3）具有一定的自学和逻辑分析能力。从事汽车维修工作要不断学习，多向有经验的汽修师傅请教。对于故障车辆，要根据故障现象判断故障原因，再进行故障分析及检测。一个不会推理、不会逻辑分析的维修人员只能成为一名普通的汽车修理工，而不能成为汽车维修人才。

4）具备钳、焊、铆等基本操作技能，会正确使用各种常用的维修工具，具有较强的动手能力。

5）具备一般的机械液压常识。汽车是由各种各样的零配件组成的一个比较复杂的机械系统，所以维修工应了解平面连杆机构、凸轮机构、间歇运动机构、螺纹连接、键连接、销连接、联轴器、离合器和制动器、轴、轴承、带传动、链传动、齿轮传动、蜗杆传动、轮系和减速器、液压泵、液压缸、液压控制阀、液压回路等方面的知识。

6）掌握基本的汽车构造知识。汽车构造是从事汽车维修的人员必须掌握的基础知识。如果缺乏构造知识，就无法进行汽车故障诊断，进而导致维修工作具有极大的盲目性。这不仅会延长维修时间，还会造成维修失误，使维修成本增加。

7）能吃苦耐劳。汽车修理既是脑力活也是体力活，修理车辆有时需要消耗较大的体力，可能长时间站立或猫着腰，一天下来结果可能是腰酸、手酸、脚痛。图 1-1 所示为汽车维修工安装转向机总成和副车架时，站着举起双手拧紧螺栓的场景。有的汽车修理店不太规范，工作时间较长，有时为了赶时间还得随叫随到，并尽快修好车辆。因此，汽车维修工作比较辛苦，要能吃苦耐劳。

刚进入汽车维修行业的修理工，其职业新鲜感很容易消失。入职一两个月后很容易因工作的脏、累及起步较低的收入产生一些负面情绪，甚至不想干下去。新入职者需要调整情绪，看到职业的发展前景。从事汽车维修，一定要能吃苦耐劳，只有坚持下来，并且不断学习积累，才能成为职场上抢手的维修人才。

图 1-1　修理底盘的场景

二、汽车维修工的职业道德

汽车维修人员肩负着汽车维修品质保证的重任，应具有较高的思想道德素质，自觉遵守职业道德规范，恪尽职守，履行岗位职责，展示汽车维修企业的服务品质。

汽车维修职业道德的优劣直接关系到汽车维修行业的形象，我们不能为了一时的利益而损坏企业的形象和个人的声誉。有些汽修企业经常会出现一些缺乏道德的现象，如随意更换还能正常使用的汽车零配件来盈利，多收修理费用，配件以次充好等。因此，汽车维修工应当遵守职业道德，做一名值得信任和尊重的专业人士。

三、基本操作提示和安全维修注意事项

1. 基本操作提示

进行实际的汽车维修操作时，应当参照图1-2所示的维修操作提示。

2. 安全维修注意事项

1）维修车间内禁止明火，易燃品及腐蚀性物品要正确存放，明确灭火器的存放位置及正确的使用方法。

2）拆装蓄电池时，要拔出点火钥匙，先拆负极再拆正极，装时先装正极后装负极，注意保存行车电脑中的个性化设置。

3）红外烤灯不要照射受热易变质和易燃物品。

4）工作区地面不得有油污、水等液体，以免造成人员工作时滑倒受伤。

5）头、手或随身物品要远离发动机舱中正在运转的部件，如扇叶，以确保安全。

6）维修人员工作期间不要佩戴饰品，以免造成线路短路及其他意外。工作期间不得穿拖鞋，不留长发。

7）衣服内不得装尖锐的工具，以免扎伤自己或损伤车漆、车饰，也不要放在车内座椅上，避免刺伤人或刺破座椅。

8）制动液不允许洒到漆面或轮胎等橡胶件上，如果溅到皮肤上要及时清洗。

9）不允许冲洗正在运转的发动机及电子元件，以免发动机损坏或线路短路。

10）维修燃油系统时，拆卸管路前需先泄压。

11）发动机冷却液温度较高时，禁止直接打开散热器盖，以免高温液体喷出造成烫伤。

12）举升车辆时，把举升机腿支在车辆合适的支点，举到合适的位置，锁止举升机后才可工作，举升机不允许单腿使用。

第一章　维修工上岗应知应会

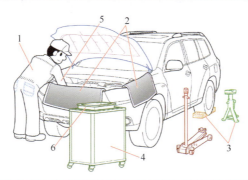

1	着装	务必身着清洁的工作服、戴好帽子、穿好安全鞋
2	车辆保护	在开始操作之前,准备好散热器格栅罩、翼子板保护罩、座椅罩及地板垫;给转向盘及其他需要接触的地方装上薄膜保护套
3	安全操作	• 与2个或2个以上人员一起工作时,务必相互检查安全情况 • 在发动机运转的情况下进行工作时,要确保修理车间中具备通风装置,以排出废气 • 维修高温、高压、旋转、移动或振动的零件时,一定要佩带适当的安全设备,并且注意不要碰伤自己或他人 • 顶起车辆时,务必使用安全底座支撑规定部位 • 举升车辆时,使用适当的安全设备
4	准备工具和测量仪表	开始操作前,准备好工具台、SST、仪表、机油和更换零件
5	拆卸和安装、拆解和装配操作	• 在充分了解正确的维修程序和报修故障后,对故障进行诊断 • 在拆卸零件之前,检查总成的总体状况以确认有无变形和损坏 • 对于比较复杂的程序,要做记录。例如,记录拆下的电气连接、螺栓或软管的总数。此外,还要加上装配标记,以确保将各部件重新装配到其原来位置上,需要时,可对软管及其接头做临时标记 • 必要时,清洗拆下的零件,彻底检查后,再装配这些零件
6	拆下的零件	• 应将拆下的零件放在一个单独的盒子内,以免与新零件混淆或弄脏新零件 • 对于不可重复使用零件(如衬垫、O形圈和自锁螺母等),要按照维修手册中的说明用新件进行更换 • 如客户有要求,应保留拆下的零件以备客户检查

图1-2　维修操作提示

13) 非专业人员不得使用氧气焊、电焊、氧气焊作业时,需要使用护目镜或面罩、防护手套等防护用品。

14) 使用移动式千斤顶时,需确保车辆稳定,并使用支承装置支稳后才可工作。

15) 专用工具要严格按照厂家要求的操作程序操作。

16) 下班后关闭所有工作区域需要关闭的电源。

17) 外出试车时必须安全驾驶。

18) 维修制动系统后,应先踩几下制动踏板,确认制动完好后才可试车,确保安全。

19) 进行涂漆工作时,需佩戴防毒面具并保持工作场所通风。

你学会了吗?

1. 汽车维修工应具备的基本素质有哪些?
2. 汽车维修工应当遵守哪些职业道德?
3. 你知道的安全维修注意事项有哪些?

第2天　熟悉汽修厂

1. 了解汽修厂的人员配置。
2. 熟悉汽修厂的维修设备情况。
3. 知晓新手进厂后要做的事情。

维修工上岗后首要的事就是熟悉汽修厂，包括维修厂各个工作岗位的人、厂内维修设备和维修厂的发展历程。

一、汽修厂的人员配置

大型汽修厂一般配备有接车员（前台接待）、配件管理员、财务人员、索赔人员、车间主管和维修工等。汽修小店的工种则少很多，一般只有厂长（老板或其指定的管理人员）、财务、配件管理员和维修工。维修工包括机修工、电工、油漆工、钣金工和学徒。

1. 机修工

机修工是一个维修店最基本和最需要的工种，维修店的机修人员通常采用大工、中工加学徒的人员配置模式。机修工应会驾驶汽车，熟悉汽车构造及工作原理。机修工主要负责汽车机械结构部件的检查与维修，如发动机、底盘的修理。当今的机修工不仅要会汽车机械部件维修，还要会基本的汽车电气维修，这就是机电一体化维修。

2. 电工

电工的分工较为明确，主要负责汽车电气系统的检测与维修，工作内容主要包括空调制冷系统、发动机电控系统、底盘电气系统、灯光系统、刮水器、电动车窗、中控门锁、仪表和防盗系统的检修。

3. 配件管理人员

配件管理人员负责配件的存储、发放和清点工作，配件不够时应及时提醒采购员进行采购。仓库配件的流通尽量以周期短、循环快为主，库存不要积压太多，并使每月的账目清楚。

4. 油漆工

油漆工主要负责汽车车身的喷漆、补漆工作，具体作业内容有车体除锈、打磨、清洁、贴护、填补原子灰、涂装底漆、中层漆、面漆、烤漆和打蜡抛光等。

5. 钣金工

钣金工主要负责车身钣金件的修复、车体防锈和打磨，为喷漆作业做好准备工作。

维修工进入汽修厂后，应当大致了解该厂有哪些工种，认识相关工种人员，知晓他们的工位，为以后的工作提供方便。大型的汽修厂由于维修工人数较多，一般分为几个小组，每个小组都有师傅、中工和小工（学徒）。维修工在汽修厂内与同组人员打交道最多，在平常的工作和生活中应当增进相互了解，与他们建立良好的合作关系，遇到问题时虚心请教，尽快融入到群体中。

二、汽修厂的维修设备

汽车的维修保养离不开维修设备，汽修厂的维修设备主要集中在维修车间（图2-1），供汽车维修工使用。

汽修厂需要用到手动工具、气动工具、电动工具、液压工具、五金耗材、四轮定位仪、解码器、检测线及其他检测仪器。

1）维修快保工具。维修快保工具包括举升机、补胎机、充气机、拆装机、氮气机、空调歧管压力表、空调抽真空机等。

2）常规工具。常规工具有螺钉旋具、钳子、呆扳手、梅花扳手、套筒扳手、试灯、音响拆装工具组等。

图 2-1 宽敞干净的维修车间

3）汽修厂大型设备。大型设备有四轮定位仪、双柱/四柱举升机、剪式举升机、轮胎拆装机、平衡机、大梁校正仪、烤漆房等。

三、维修工学徒期间

维修工新手入行，一般从学徒开始。刚开始维修店老板或师傅（大工）可能不放心让你直接动手操作，只是让你给师傅做做帮手，递递工具和配件，收拾工具，打扫维修场地等。这种简单而无聊的工作有可能持续几个月或半年，这对新入行的维修工也是一个不小的考验。这时需要有耐心，而且要主动一些，一旦有动手的机会就要积极争取，在这个过程中就可以学到东西了。从业时，做个有心人，对师傅热情一点，礼貌一点，主动一点，积极一点，师傅就会多传授一些技能给你。但维修技术水平的进阶主要还是靠自学，边实践边自学理论知识，这样提高才更快。

碰到一个好的师傅算你比较幸运，而很多的师傅则是非常保守的，不愿意把自己多年积累的经验毫无保留地传授给你。所以做维修要有悟性，主要要靠自己，多留意别人是怎样进行修理的，要明白为什么这样操作，做到善于观察、勤于思考，以求更快地学到汽修技能。

你学会了吗？

1. 汽修厂的人员配置有哪些？他们是怎样分工合作的？
2. 常见的汽车维修设备有哪些？
3. 维修工在学徒期间应注意哪些事项？

第3天　举升和吊装设备的使用

学习目标

1. 了解汽车举升和吊装设备的作用。
2. 掌握汽车举升机的使用方法。
3. 学会使用支撑架和吊杆固定发动机。

一、举升机的使用

举升机用于举升汽车，使其离开地面至一定的高度。汽车进行维修保养，如维修底盘、更换机油、更换轮胎时，常要用到举升机。举升机按照功能和形状分为单柱、双柱、四柱和剪式，下面介绍最常见的双柱摇臂式举升机（图3-1）的使用方法。

1）打开举升机电源旋钮（控制面板上电源指示灯亮）。

2）将举升机降到最低位置，推动摆动臂，使其向两边伸展成一直线，为车辆入位提供方便，如图3-2所示。

图3-1　双柱摇臂式举升机

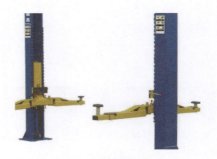
图3-2　使摆动臂伸展成一直线

3）将车辆行驶至合适位置，调整车辆以使得车辆重心尽可能靠近举升机的中心。然后拉紧驻车制动器，停好车辆。

4）慢慢转动摆动臂和托盘至车辆的合适位置，调节摆动臂长度，伸长到合适位置，如图3-3所示。

5）通过旋转托盘将其调到合适高度，使车辆保持水平，并对准托盘凹槽与车身支撑点位置，如图3-4所示。

图3-3　调节摆动臂长度

图3-4　对齐车身支撑点

6）按下上升按钮举升车辆，直至轮胎离开地面，晃动车辆以检查车辆是否平稳。

7）举升车辆时，工作人员应离开车辆，举升机下禁止站人。举升到需要的高度后，必须插入保险锁销，并确保安全可靠才可开始车下作业。

8）放下车辆前，应先举升车辆，将安全保险打开，再按下降按钮使车辆缓慢下降至举升臂最低位置为止，移开举升臂，开出车辆。

二、吊装设备的使用

在单独维修手动/自动变速器、更换正时带而不需要拆下发动机总成时，往往要用到一种暂时吊住发动机的吊装工具。这种工具主要由发动机支撑架、吊杆、吊钩及螺母组成，其结构如图 3-5 所示。

发动机支撑架和吊杆的使用方法如下：

1) 关闭点火开关，断开蓄电池负极电缆。

2) 拧紧发动机支撑架上的两个固定螺母，将其固定在前车身（翼子板）上。

3) 先用吊杆钩住发动机的两个吊耳，再用吊钩钩住吊杆，然后用力旋转吊钩螺母，将吊杆固定在发动机支撑架上，直到吊装装置不松弛，如图 3-6 所示。

4) 拆卸发动机右支架总成，然后更换正时带，或者装好吊装工具后升起汽车，在车下单独拆下变速器总成。

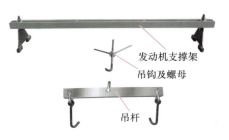

图 3-5　发动机吊装工具

图 3-6　安装发动机吊装工具

你学会了吗？

1. 举升机有哪些类型？怎样使用双柱摇臂式举升机？
2. 发动机吊装工具由_____和_____组成。
3. 怎样使用发动机吊装工具？

第 4 天　电动和气动工具的使用

学习目标

1. 了解汽修厂中的电动工具和气动工具。
2. 学会常见电动工具和气动工具的使用方法。
3. 遵守常用工具的安全操作规程。

电动工具是通过电能带动电动机向外输出动能的工具，而气动工具主要是利用压缩空气带动气动马达而对外输出动能的工具。汽修厂常见的电动工具有空气压缩机、充电式手电钻、充电式冲击钻、吸尘器、电钻、角磨机等；气动工具有喷枪、气动扳手、气钻、气动砂轮、气剪、机油/润滑脂加注机等。

一、空气压缩机

空气压缩机是汽修厂中气源装置的主体，是将电动机的机械能转换成气体压力能的装置。修理厂一般采用双气缸的往复活塞式空气压缩机，其主要用途是向气动工具提供压缩空气，为轮胎充气或给车身喷漆，此外还用于吹洗灰尘。

二、角磨机

电动角磨机（图4-1）是利用高速旋转的薄片砂轮、橡胶砂轮以及钢丝轮等对金属车身进行磨削、切削、除锈、磨光加工。汽修厂一般用角磨机来磨削不易在固定砂轮机上磨削的工件，如车架、车身各部骨架及其覆盖件的焊缝以及大型铸、锻件的飞边、毛刺等。

图4-1　电动角磨机

三、气动扳手

气动扳手（图4-2）是汽修厂最常见的气动工具。气动扳手以压缩空气作为动力源，压缩空气进入气缸之后带动叶轮转动而产生旋转动力，同时叶轮再带动相连接的打击部位进行类似锤打的运动。在每一次敲击之后，可把螺栓拧紧或者卸下来。它是一种既高效又安全的拆装螺栓的气动工具。

气动扳手配合不同尺寸的套筒工作，能够快速拧紧或拧松螺栓或螺母，并能够改变输出轴旋转方向、转速和输出力矩大小。

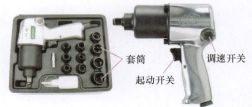

图4-2　气动扳手（风炮）

气动扳手的安全操作规程如下：

1）气动扳手应在使用说明书所限定的功能和范围内使用，并按使用说明书要求定期实施维护保养工作。严禁手动扳手出气口指向其他人员。

2）气动扳手的最大供气压不允许超过规定值。

3）气动扳手、供气软管、接头、卡箍应定期进行安全检查，发现有异常时，要及时进行维修或更换。

4）使用气动扳手拆装螺母时，应先将套筒套入待拆卸螺母，并根据螺母旋向要求，轻点开关试动，确认旋转方向正确，再正式运行；套筒没有套住螺母，严禁按动开关。工作时，身体（手）不可接触气动扳手旋转部件，避免造成人身伤害。

5）按维修车辆车轮螺母规格，选用合适的螺母拧紧力矩。

6）开机工作时，应给气动扳手（通过套筒向螺母）施加一定的轴向推力，确保工作时螺母套筒不易甩出。

7）严禁摔撞气动扳手，工作完毕，应及时关闭供气管路阀门，清洁机具，将气管盘旋放回原位。

你学会了吗？

1. 汽修厂中的电动工具和气动工具有哪些？
2. 怎样使用空气压缩机？
3. 电动角磨机在汽车维修中起什么作用？
4. 气动扳手起什么作用？怎样正确使用？

第5天　常见手动维修工具的使用

学习目标

1. 了解汽修厂中的手动维修工具。
2. 学会使用常见的通用手动维修工具。
3. 学会使用常见的专用手动维修工具。

汽车的手动维修工具由通用工具和专用工具组成。

一、通用工具

通用维修工具包括锤子、螺钉旋具（俗称螺丝刀）、钳子、扳手等。

1. 锤子

锤子是敲打物体使其移动或变形的工具。锤子由锤头和手柄组成。根据锤头的材料，锤子分为钢（铁）锤和橡胶锤，如图5-1所示。汽车维修时常用的是铁锤、塑料锤和橡胶锤，塑料锤和橡胶锤常用于发动机大修，如拆卸和安装气缸盖时，敲击缸盖部位而不会使其变形。

2. 螺钉旋具

螺钉旋具是用来拧紧或旋松带槽螺钉的工具，分为一字和十字两种，如图5-2所示。它的规格（杆部长）分为50mm、65mm、75mm、100mm、125mm、150mm、200mm、250mm、300mm和350mm等。

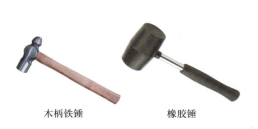

图5-1　铁锤和橡胶锤

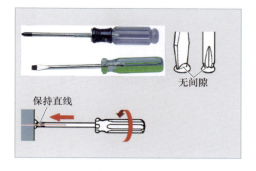

图5-2　螺钉旋具及使用方法

使用螺钉旋具时，要求螺钉旋具刃口端平齐，并与螺钉槽的宽度一致，螺钉旋具上无油污。让螺钉旋具刃口与螺钉槽完全吻合，螺钉旋具中心线与螺钉中心线重合后，拧动螺钉旋具，即可将螺钉拧紧或旋松。

3. 钳子

钳子是一种用于夹持、固定工件，或者扭转、弯曲、剪断金属丝线的手工工具，如图5-3所示。钳子种类很多，汽车修理常用鲤鱼钳、尖嘴钳和卡簧钳三种。

1）鲤鱼钳。鲤鱼钳用于夹持扁的或圆柱形零件，带刃口的可以切断金属。

2）尖嘴钳。尖嘴钳主要用来剪切直径较细的单股与多股线，以及给单股导线接头弯圈、剥塑料绝缘层等，它也是电工常用的工具之一。尖嘴钳细长，因此可在狭小的空间里操作或夹紧小零件。

3）卡簧钳。卡簧钳是用来安装或拆卸内簧环和外簧环的专用工具，外形上属于尖嘴钳一类，钳头可采用内直、外直、内弯、外弯几种形式。

4. 扳手

扳手用于拆装有棱角的螺栓和螺母，如图5-4所示。汽车修理常用的有呆扳手、梅花扳手、两用扳手、套筒扳手、活扳手、扭力扳手和棘轮扳手等。

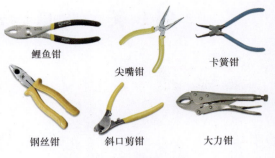

图 5-3　钳子的分类

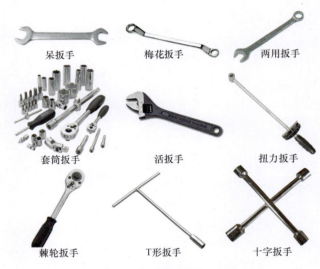

图 5-4　各种类型的扳手

1）呆扳手。呆扳手的开口宽度为 6~24mm，适用于拆装一般标准规格的螺栓和螺母。

2）梅花扳手。梅花扳手适用于拆装 5~27mm 范围的螺栓或螺母。梅花扳手有6件套和8件套两种。梅花扳手两端似套筒，有12个角，能将螺栓或螺母的头部套住，工作时不易滑脱。有些螺栓和螺母受周围条件的限制，梅花扳手尤为适用。

3）两用扳手。两用扳手一端是呆扳手，一端是梅花扳手，将两种扳手合二为一，两端的开口尺寸规格是一致的。

4）成套套筒扳手。成套套筒扳手有13件套、17件套、24件套三种。它适用于拆装因位置所限，普通扳手不能拆装的螺栓和螺母。拆装螺栓或螺母时，可根据需要选用不同的套筒和手柄。成套的套筒扳手还包括转接杆和加长杆。

5）活扳手。活扳手的开度可以自由调节，适用于不规则的螺栓或螺母。使用时，应将钳口调整到与螺栓或螺母的对边距离同宽，并使其贴紧，让扳手可动钳口承受推力，固定钳口承受拉力，以免损坏活动部分。扳转时，不准在活动扳手的手柄上随意加套管或锤击。

6）扭力扳手。扭力扳手用来配合套筒拧紧螺栓或螺母。在汽车修理中扭力扳手是不可缺少的，如气缸盖螺栓、曲轴轴承螺栓等的紧固，都必须使用扭力扳手。汽车修理使用的扭力扳手，其力矩为 0~300N·m。

7）棘轮扳手。棘轮扳手用来配合套筒扳手使用，一般用于在狭窄的空间拧紧或拆卸螺栓或螺母。它可以不变更扳手角度就能拆卸或装配螺栓或螺母。

二、专用工具

汽车修理常用的专用工具有火花塞套筒扳手、活塞环拆装钳、气门弹簧拆装钳、机油滤清器扳手、千斤顶和拉器等，如图5-5所示。

1）火花塞套筒扳手。火花塞套筒扳手用于拆装发动机火花塞，火花塞按大小分为16mm和21mm两种。使用时，根据火花塞的装配位置和火花塞六角的尺寸选用不同高度和径向尺寸的火花塞套筒扳手。拧下火花塞后要防止火花塞跌落地面。

2）活塞环拆装钳。活塞环拆装钳用于拆装发动机活塞环，避免活塞环受力不均匀而折断。使用时，将活塞环拆装钳卡住活塞环开口，轻握手柄，慢慢收缩，活塞环就会慢慢张开，随后将活塞环装入或拆出活塞环槽。

3）气门弹簧拆装钳。气门弹簧拆装钳用于拆装气门弹簧。使用时，将钳口收缩到最小位置，插入气门弹簧座下，然后旋转手柄。左手掌向前压牢，使钳口贴紧弹簧座，装卸好气门锁（销）片后，反方向旋转气门弹簧装卸手柄，取出拆装钳。

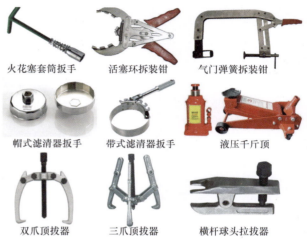

图5-5 汽车维修专用工具

4）机油滤清器扳手。用于拆装机油滤清器，分带式滤清器扳手、钳式滤清器扳手、链条式滤清器扳手、三爪式滤清器扳手和帽式滤清器扳手等。

5）千斤顶。千斤顶分为机械千斤顶和液压千斤顶两种，汽车维修常用液压千斤顶。千斤顶的举升质量为3t、5t、8t等，液压千斤顶用于举升汽车及其他重物。使用千斤顶前，用三角木垫好汽车；在松软路面上使用时，应在千斤顶底下加垫木；举升时，千斤顶应与重物垂直对正；千斤顶未支牢前及回落时，禁止在车下工作。使用千斤顶时，先把开关拧紧，放好千斤顶，对正被顶部位，压动手柄，就可将重物顶起。当落下千斤顶时，将开关慢慢旋开，重物会逐渐下降。

6）拉器。在汽车维修作业中，经常遇到齿轮、轴承、球头等的拆装工作，为提高拆装质量，须采用拉压工具来操作，如拉器、液压床等。常见的拉器有顶拔器（拉马）和横杆球头拉拔器。

你学会了吗？

1. 汽车手动维修工具由_____和_____组成。
2. 汽车修理常见的通用工具有哪些？各起什么作用？
3. 汽车修理常见的专用工具有哪些？各起什么作用？

第6天 汽车的总体结构和主要参数

1. 了解汽车的总体结构和基本组成,以及各部分的作用。
2. 了解汽车的主要参数。

一、汽车的总体结构

汽车一般由发动机、底盘、车身、电气系统四大部分组成。现代汽车的总体结构见表6-1。新能源汽车除动力系统外,其他结构大致相同。

表6-1 汽车的总体结构

项目	基 本 组 成
汽车整体结构组成	汽车玻璃、蓄电池、空气滤清器、冷却液壶、发动机、车身、车轮、燃油箱总成、转向盘、传动轴、排气管、减振器、前照灯、制动器
发动机	发动机分为汽油机和柴油机,发动机的作用是使吸入气缸中的燃料燃烧而输出动力。绝大多数汽车都采用往复活塞式内燃机,它一般是由机体、曲柄连杆机构、配气机构、燃料供给系、冷却系、润滑系、点火系(汽油发动机)、起动系等组成
底盘	底盘由下列部分组成: 传动系——将发动机的动力传给驱动车轮,传动系包括离合器、变速器、传动轴、驱动桥等部件 行驶系——将汽车各总成及部件连成一个整体并对全车起支撑作用,以保证汽车正常行驶,行驶系包括车架、前轴、驱动桥的壳体、车轮、悬架等部件 转向系——用于汽车转向,保证汽车能按照驾驶员选择的方向行驶,由带转向盘的转向器及转向传动装置组成 制动系统——包括行车制动系统(俗称脚刹)和驻车制动系统(俗称手刹),其作用是根据需要使汽车减速或停车,并保证驾驶员离车后可靠地驻车
车身	车身构成汽车的主体结构,分为承载式和非承载式。大部分轿车的车身均为承载式,除了提供乘员空间外,还是车辆其他部件安装的载体。轿车可根据车身的结构分为两厢车和三厢车,三厢是指前部的发动机舱、车身中部的乘员舱和后部的行李舱;两厢车则无单独的行李舱
电气系统	电气设备由供电系、发动机起动系和点火系、辅助电器、仪表、汽车照明和信号装置等组成。此外,现代汽车用到越来越多的电子控制技术和智能技术,例如发动机电子控制、导航系统、人机交互系统以及局域网络系统,也都属于电子设备的范畴

二、汽车的主要参数

汽车性能的优劣基本可以通过其主要参数来衡量，查阅车辆的重要参数有助于直观地了解车辆的整体性能和配置情况。汽车的主要参数如下：

1）汽车的外形尺寸，包括汽车的长度、宽度、高度、轴距和轮距等，如图 6-1 所示。

图 6-1　汽车的尺寸

2）汽车的内部空间（如乘坐空间、行李舱容积）和整备质量。

3）发动机的动力性能、车辆加速性能、最高设计车速、汽车制动性能。

4）燃油经济性，即汽车耗油量，通常以 L/100km 来表示。

5）汽车的通过性能，包括汽车的最小离地间隙、接近角、离去角、通过角、最大爬坡角和涉水深度等，如图 6-2 所示。

6）汽车的安全装备（如安全气囊、中控门锁和防盗装置等）和操控配置（如 ABS/ESP 系统、上坡辅助系统、自动驻车装置等）。

图 6-2　车辆通过性能参数

> **你学会了吗？**
>
> 1. 汽车一般由＿＿＿＿、＿＿＿＿、＿＿＿＿和＿＿＿＿四大部分组成。
> 2. 汽车的四大部分各起什么作用？各部分由哪些系统组成？
> 3. 汽车的主要参数有哪些？

第7天　螺栓的拧紧力矩与拧紧方法

1. 了解螺栓/螺母的作用与规格。
2. 了解螺栓的拧紧力矩和拧紧方法。
3. 掌握螺栓（如气缸盖螺栓）的拧紧顺序。

一、螺栓/螺母的作用与规格

螺栓和螺母的作用是将车辆各部分的零件紧固在一起。根据用途，有不同类型的螺栓和螺母，螺母和螺栓的规格如图7-1所示。车辆上使用的螺栓可根据各自区域所要求的强度和尺寸进行选择。螺栓有不同的名称以区别其尺寸和强度，例如M8×1.25×16-4T的含义如下：

M：螺纹类型，"M"表示米制螺纹。

8：螺栓螺纹的标称直径（mm），如图7-1中的图注7。

1.25：螺距（mm），如图7-1中的图注8。

16：螺纹长度（mm），如图7-1中的图注4。

4T：抗拉强度，该号码表示最小抗拉强度的1/10，单位kgf/mm^2，强度印在螺栓头部。

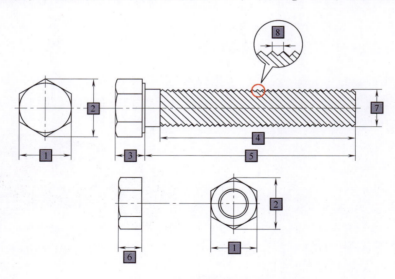

图7-1　螺母和螺栓的规格

1—跨面宽度　2—跨角宽度　3—螺栓头部高度　4—螺纹长度　5—名义长度
6—螺帽高度　7—螺纹直径　8—螺纹螺距（相邻螺纹之间的距离）

二、螺栓的拧紧力矩

拧紧螺栓时，很多地方需要用扭力扳手按照修理手册上规定的力矩拧紧。这是因为如果拧紧力矩较规定的数值低，则螺栓和螺母有可能因振动而松动，甚至掉落。零件之间将会产生间隙,从而导致漏油;如果拧紧力矩较规定的数值高,则螺栓和螺母可能会因过度拉紧而损坏,零件也会变形或损坏。

塑性区螺栓的拧紧方法不同于普通螺栓,其方法是先将螺栓拧紧到规定的力矩,然后旋转一个角度。连杆螺栓的拧紧方法如图7-2所示。

1)用规定的力矩拧紧塑性区螺栓。
2)在螺栓顶上做上油漆标记(图中绿点)。
3)再按照修理手册上规定的角度拧紧(再紧固连杆螺栓90°)。

三、螺栓的拧紧顺序

安装或拆卸由多个螺栓紧固的汽车零部件时,要按一定的顺序拧紧或松开这些螺栓,以免零部件的安装平面发生翘曲变形。拧紧螺栓时,通常从中间向两边进行;拆卸螺栓时,应从两边向中间进行。气缸盖螺栓的拧紧顺序如图7-3所示,拆卸顺序则刚好相反。

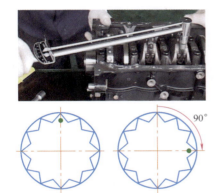

图7-2 连杆螺栓的拧紧方法

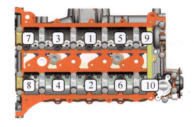

图7-3 气缸盖螺栓的拧紧顺序

如安装本田L15A系列发动机的气缸盖时,气缸盖的拧紧方法如下:
1)将气缸盖安装到发动机气缸体上。
2)将新的机油涂抹到所有气缸盖螺栓的螺纹和法兰上。
3)用柱型扭力扳手将气缸盖螺栓按顺序紧固至29N·m。使用预置型扭力扳手时,务必慢慢紧固但不要过度紧固。在紧固时,如果螺栓发出任何声音,则松开螺栓并重新紧固。
4)将所有气缸盖螺栓再拧紧130°。

你学会了吗?

1. 简述螺栓/螺母的规格代表的含义。
2. 为什么要按规定的力矩拧紧螺栓?
3. 螺栓的拧紧和拆卸顺序通常是怎样的?

第二章 汽车的保养与维护

汽车的快速保养流程

第8天 汽车保养周期与保养项目

学习目标

1. 了解汽车进行周期性保养的意义。
2. 了解汽车保养的项目和保养时间间隔。

基础知识

车辆需要进行周期性的有计划的保养，才能减少故障发生，延长使用寿命，发挥整体的最佳性能。

新购车辆都有一本保养手册，里面规定了该车的保养项目和保养周期，这就是定期保养，即定期对汽车相关部分进行检查、清洁、补给、润滑、调整或更换。

保养手册规定车辆每行驶多少里程或使用多长时间后（先到为准），需要对某些系统部件进行检查、调整或更换。如新车一般在行驶 3000～5000km 或使用 3～6 个月时进行首保（通常是免费的），需要更换机油和机油滤清器。

目前的汽车保养主要包含了对发动机润滑系统、冷却系统、燃油系统、变速器、空调系统、转向系统和制动系统等的保养。具体内容如下：

1）更换机油和机油滤清器，如图 8-1 所示。
2）补充或更换发动机冷却液（防冻液）。
3）补充或更换制动液、助力转向液、离合器液压油、手/自动变速器油、齿轮油。
4）更换发动机空气滤清器滤芯、空调滤清器滤芯。
5）更换燃油滤清器，如图 8-2 所示。

图 8-1 更换机油和机油滤清器　　　　图 8-2 更换燃油滤清器

6）检查并补充轮胎气压。

7）检查及更换熔丝。

8）检查和调整转向、制动系统。

比亚迪 F3 轿车保养手册中规定的保养周期与保养项目见表 8-1。

表 8-1 比亚迪 F3 保养周期表

保养操作：I = 必要时进行检查、修正或更换；R = 更换、改变或润滑；C = 清洗

保养项目		保养时间间隔（里程表读数或月数，以先到者为准）													
	×1000km	3	8	13	18	23	28	33	38	43	48	53	58	63	68	73
	月数	强保	3	6	9	12	15	18	21	24	27	30	33	36	39	42
发动机基本部件																
1 检查传动带有无裂纹、飞屑、磨损状况并调整其张紧度				I		I		I		I		I		I		I
2 检查点火电缆有无损伤						I				I				I		
3 更换发动机正时皮带	一般使用条件			I				I				I				R
	严酷使用条件							R：每隔 70000km								
4 检查曲轴箱油气控制系统是否正常				I				I				I				
5 检查更换火花塞				I		I		R		I		I		R		I
6 检查冷却水管有无损伤，并确认接管部是否锁紧				I		I		I		I						
7 检查溢水壶内发动机冷却液液面高度		I		I		I		I		I		I		I		I
8 更换发动机冷却液						R				R				R		
9 检查空气滤清器滤芯是否堵塞和损伤	一般使用条件		I	I	I	I	I	I	I	I	I	I	I	I	I	I
	严酷使用条件						I：视需要缩短周期									
10 更换空气滤清器滤芯	一般使用条件			R		R		R		R		R		R		R
	严酷使用条件						R：视需要缩短周期									
11 检查手动变速器齿轮油液面			I		I		I		I		I		I			
12 更换手动变速器内的齿轮油	一般使用条件		I	R		R			R			R			R	
	严酷使用条件						R：视需要缩短周期									
13 更换机油	一般使用条件		R	R	R	R	R	R	R	R	R	R	R	R	R	R
	严酷使用条件						R：每隔 3000km									
14 更换机油滤清器滤芯	一般使用条件		R	R	R	R	R	R	R	R	R	R	R	R	R	R
	严酷使用条件						R：每隔 3000km									
15 检查蓄电池电解液		I	I	I	I	I	I	I	I	I	I	I	I	I	I	I
16 检查发动机怠速		I		I		I		I		I		I		I		I
17 检查点火正时		I				I				I				I		
18 检查曲轴箱通气软管										I						
19 检查气门间隙						I				I						
20 检查排气管接头是否漏气				I		I		I								
21 节气门体				C		C		C		C		C		C		C
22 喷油器				C		C		C		C		C		C		C
23 检查氧传感器				I		I		I		I		I		I		I
24 检查三元催化器				I		I		I		I		I		I		I
燃油和排气净化控制系统																
25 燃油滤清器				R		R		R		R		R		R		R
26 燃油箱盖、燃油管和接头				I												

(续)

保养项目	保养时间间隔（里程表读数或月数，以先到者为准）														
	×1000km	3	8	13	18	23	28	33	38	43	48	53	58	63	68	73
	月数	强保	3	6	9	12	15	18	21	24	27	30	33	36	39	42
27 活性炭罐				I		I		I		I		I		I		I
底盘和车身																
28 制动踏板和驻车制动器			I		I		I		I		I		I		I	
29 制动摩擦块和制动盘			I	I	I	I	I	I	I	I	I	I	I	I	I	I
30 制动液		I	I	I	I	R	I	I	I	R	I	I	I	R	I	I
31 制动系统管路和软管				I		I		I		I		I		I		I
32 助力转向液			I		R		I		R		I		R		I		
33 转向盘、拉杆				I		I		I		I		I		I		I
34 传动轴防尘罩				I		I		I		I		I		I		I
35 球销和防尘罩		I		I		I		I		I		I		I		I
36 前后悬架装置				I		I		I		I		I		I		I
37 轮胎和充气压力			I	I	I	I	I	I	I	I	I	I	I	I	I	I
38 检查前轮定位、后轮定位			I	I	I	I	I	I	I	I	I	I	I	I	I	I
39 检查车轮轴承有无游隙				I		I		I		I		I		I		I
40 冷气或暖气系统			I		I		I		I		I		I		I		
41 空调空气过滤器		I		R		R		R		R		R		R		R
42 空调/冷气装置的制冷剂				I		I		I		I		I		I		I
43 检查安全气囊系统				I		I		I		I		I		I		I
44 检查车身损坏情况								每年								

由表 8-1 可知，发动机机油和机油滤清器应在首保后车辆每行驶 5000km 进行更换，车辆在严酷条件下使用时，缩短至每隔 3000km 进行更换。

你学会了吗?

1. 汽车进行周期性、有计划的保养有什么积极意义？
2. 汽车首保主要是更换_____和_____。
3. 谈谈你知道的汽车保养项目有哪些。

第 9 天　汽车的日常保养与维护

学习目标

1. 了解汽车的日常保养与维护项目。
2. 熟悉发动机舱内与汽车养护相关的主要部件的位置。
3. 掌握日常保养项目的操作方法。

汽车的日常保养与维护是由驾驶员日常用车中自主执行的车辆保养与维护作业，其核心内容是清洁、补给和安全检视。日常养护做得仔细，不仅能使汽车"永葆青春"，自己还能掌握车辆各部件的技术状况，避免或减少各种机械事故和交通事故。

一、发动机舱内与养护相关的主要部件位置

车辆日常养护需要检查的各种油液、火花塞、蓄电池等都集中在发动机舱内，如图9-1所示。打开发动机舱盖，用支撑杆撑好，就可以进行检查、油液加注和部件更换了。

图 9-1　与养护相关的主要部件位置

二、冷却液储液罐

检查冷却液液面应该在冷机时进行。如图 9-2 所示，液面应总是位于储液罐的最低（MIN）和最高（MAX）标记之间。冷却液中的防冻剂含量应使其在低温时保持液态，冷却液应该同时具有防腐蚀性能和高温稳定性。

为了保持冷却液的性能，应每两年更换一次，在严寒季节开始时进行。在热机状态下更换冷却液时，应停机后等候 15min 或温度低于 100℃时，用擦布保护手部慢慢拧松散热器盖，避免烫伤。如果补充的冷却液超过 1L，说明冷却液损耗大，应检查车辆的冷却循环系统。如经常需要补充冷却液，表示冷却系统有故障，应尽早查明原因。

三、动力转向液储液罐

在发动机停机时检查动力转向液的液面高度。如图 9-3 所示，储液罐液面的高度应在最高（MAX）标记和最低（MIN）标记之间。任何情况下严禁无油液运行，以免转向助力泵损坏。

图 9-2　冷却液储液罐

图 9-3　动力转向液储液罐

四、制动液储液罐

使用车辆时,应定期检查制动液液面。如图9-4所示,制动液液面高度应位于危险/最低和最高标记之间,并尽量接近最高标记。当制动液液面过低时,制动液液面过低警告灯点亮。如果在汽车行驶期间制动液面警告灯点亮,应立即停车检查。为了保持良好的制动性能,应每两年更换一次制动液。

图9-4 制动液储液罐

五、燃油滤清器

燃油滤清器的作用是过滤汽车燃油中的杂质,使供给发动机燃烧的燃油更纯净。一般的燃油滤清器每隔20000～30000km需要更换一次,燃油滤清器的更换方法如下:

1)拆卸燃油滤清器前后两个油管接头。
2)松开燃油滤清器固定卡箍或支架。
3)取下燃油滤清器,更换新的燃油滤清器。

> **注意**
>
> 如图9-5所示,安装时要注意燃油滤清器的方向,燃油滤清器上的箭头指示燃油从油箱流向发动机的方向。

六、火花塞

在车辆行驶了30000～40000km后应更换火花塞,更换方法如下:

1)拆卸气缸盖罩固定螺栓,取下点火线圈装饰盖。
2)脱开点火线圈插接器。
3)取出点火线圈。
4)用长套筒或专用套筒拆卸火花塞,更换新的火花塞,如图9-6所示。

图9-5 燃油滤清器的更换

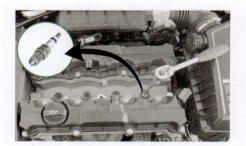

图9-6 拆卸火花塞

七、机油滤清器

机油滤清器用来滤除机油中的灰尘、金属颗粒、炭沉淀物和颗粒等杂质,保护发动机。每次更换发动机机油时,应连同机油滤清器一起更换,更换方法如下:

1）在暖车状态下熄火，等待几分钟后，升起车辆，放出油底壳和机油滤清器中的旧机油。

2）当旧机油放净时，用滤清器扳手卸下机油滤清器，如图9-7所示。

3）准备好同样的滤芯或机油滤清器，先在滤芯的O形圈上涂抹一层机油，然后用规定力矩拧紧至安装位置。

4）起动发动机，在怠速的情况下，观察滤清器有无泄漏。如有泄漏，应拆检油封胶圈，排除漏油现象。

图9-7　卸下机油滤清器

八、空气滤清器

当空气滤清器的滤芯堵塞时，会使发动机冒黑烟、无力和油耗增加。因此，应当定期清洁和更换空气滤芯，保持空气滤清器良好的畅通性。空气滤芯的清洁方法如下：

1）拆卸空气滤清器卡箍。

2）脱开曲轴箱通风管。

3）拆卸空气滤清器固定螺栓。

4）拆卸空气滤清器盖，取下空气滤芯。

5）如图9-8所示，将滤芯从空气滤清器中取出，用压缩空气从里向外吹，将尘土除掉，同时将空气滤清器壳内的灰尘清除掉。无压缩空气时，可用滤芯拍打地面磕出灰尘，然后用湿布清洁空气滤清器壳。

图9-8　取出空气滤芯

如需更换，则将新的空气滤芯安装到空气滤清器壳中，然后扣好边缘的卡箍。

九、轮胎的维护

每次出车前，尤其是跑长途、上高速公路之前，应对轮胎外观和轮胎气压进行检查。先看外观，检查轮胎是否有损伤，如不正常的磨损、割破、裂开和鼓包等。如果轮胎没有外伤，则检查轮胎气压。

如图9-9所示，用轮胎气压表对胎压进行准确测量，发现胎压不足应及时充气，气压过高应放出部分气体。轮胎气压检查至少每个月进行一次，而胎压的检查必须在轮胎冷却的状态下进行，因为高温会使胎压升高，使测量数据不准确。

图9-9　轮胎气压的测量

正常的轮胎气压为220~280kPa，车辆空载时气压稍低，满载时气压稍高。给轮胎充气时，应以左前车门框下部的轮胎气压标签说明为准。

你学会了吗？

1. 汽车的日常保养与维护的意义是什么？
2. 发动机舱内与汽车养护相关的主要部件有哪些？
3. 汽车的日常保养与维护的内容有哪些？

第 10 天　汽车的季节性保养

学习目标

1. 了解汽车季节性保养的作用。
2. 了解汽车夏季的保养项目与保养方法。
3. 了解汽车冬季的保养项目与保养方法。

为了使汽车在不同的地区、不同的季节里都能可靠地工作，除了定期保养，还应附加一些相应的作业项目，使汽车能适应变化后的运行条件，这种附加性保养被称为季节性保养或换季保养。季节性保养主要有夏季保养和冬季保养。

一、夏季保养

夏季气温高、空气湿度大，汽车运行在高温环境里，要特别注意对发动机舱、车身、底盘、轮胎、空调等部位的检查和保养，要对驾驶室内进行清洁和杀菌消毒。因此，夏季保养的主要作业内容是降温、防潮、杀菌等。

1. 防止汽油、水过度蒸发

高温下，汽油和水的蒸发都将增加，这时就需要车主随时检查，注意油箱盖要盖严，还要防止油管渗油。对于散热器的液位、制动主缸内的制动液面高度要注意经常检查。一旦发现有异常或是不合规范时，要及时添加或调整。

2. 及时更换夏季润滑油

夏季气温高，润滑油易受热变稀，抗氧化性变差，易变质，甚至造成烧瓦、抱轴等故障。因此，应将曲轴箱和齿轮箱更换夏季用的润滑油，并经常检查油量、油质，如有异样，应及时更换。

3. 防止发动机过热

气温较高时，发动机因自身过热而引发故障的现象也很多。有时在行驶中就发现发动机舱盖下冒起团团热气，打开发动机舱盖，散热器里的冷却液已沸腾，还不时往外喷溅，这就是俗称的"开锅"，如图 10-1 所示。"开锅"通常可以通过冲洗散热器来解决。高温天气空调超负荷运转，或冷却系统发生故障时，发动机散热状况势必受到影响。加之在市区开车，走走停停则会加剧发动机部件摩擦而导致温度上升。

图 10-1　发动机"开锅"现象

为防止发动机过热，对汽车散热系统要经常进行全面检测，如查看风扇是否正常转动、散热器是否有渗漏，以及是否缺少冷却液等。还应注意风扇传动带不能沾有机油，以防打滑，且传动带要尽量保持松紧适度。平时也应多关注仪表板内的水温表变化，若水温表读数偏高，则应尽快检查。

4. 防止爆胎

由于夏季气温高，再加上长途行车等原因，轮胎在高温、内压增高的情况下使用，会加速橡胶老化，使橡胶物理性能下降，胎体的帘布可能出现脱层，造成爆胎事故。

气压不标准、轮胎老化、性能减弱，或者在行驶过程中轮胎轧到了尖锐的硬物等情况（图10-2），都会导致汽车突然爆胎。因此，在行车中要随时检查轮胎气压，发现轮胎过热或气压过高，应将车停在阴凉处降温，不可用冷水泼冲，也不要放气，否则会导致途中爆胎和轮胎过早损坏。轮胎气压检查可采用仪器监测法或手感检测法。

图 10-2　轮胎被尖锐物冲击引起损伤

5. 防止制动失灵

在夏季，依靠液力制动的系统要注意检查制动液是否充足。因为高温的关系，各种液体都更为容易蒸发，所以在夏季适应时地缩短制动液的更换周期。另外在制动过程中，部分能量会转化成热量被制动系统吸收，因此长时间的制动会使制动摩擦片或制动蹄片温度过高，以至于出现制动失灵的现象。经常或频繁制动时，应多使用低档位的发动机制动功能。如果发现汽车制动有异常，要尽快停车检查。

6. 漆面的保养

夏天阳光的暴晒对汽车漆面的损害很大，一定要经常洗车和定期打蜡。打蜡能给漆面添加缺少的油分，快速提高漆面的光亮度，也能增强漆面抵抗外界风沙、紫外线、有害气体、酸碱、雨水腐蚀的能力。如果想把保护工作做得更彻底，可做漆面封釉或镀膜。封釉后的漆面具有较强的抵抗外界风沙损伤等性能，从而起到对漆面的保护作用。

7. 空调的保养

1）检查及清洁空调滤芯。空调滤芯的主要作用是对车内空气进行过滤。长时间使用后，会有很多灰尘、沙子、虫子尸体受潮霉变后易发出异味；且灰尘较多也易发生堵塞，导致进气量降低，抑制空调出风量。因此，应定期清洁空调滤芯，必要时进行更换。

2）清洁冷凝器表面。冷凝器在空调制冷方面起着至关重要的作用，但在使用空调时，其表面会结成水雾，从而凝结空气中的灰尘。为保证制冷效果良好以及车内空气清新，保持其表面的洁净也非常重要。

3）检查空调压缩机传动带。传动带的状态良好，不仅对发动机的正常运行起到了保证作用，同时也保证了与其相连的空调压缩机的正常运作。

二、冬季保养

在寒冷的冬季，气温过低容易对汽车各部件造成一定的伤害，因此在入冬之前要注意做好汽车保养，特别注意加强对发动机、四油二液（机油、制动油、助力转向油、自动变速器油、防冻液、玻璃清洗液）、蓄电池、轮胎、制动系统、暖风系统、刮水器、车灯等部件的检查。其主要作业内容是采取防寒、防冻、防滑等保护措施。

1. 机油

机油的黏度随着气温的转变也会发生变化。到了冬季，气温降低，机油的黏度变大。因此要选择适合冬季使用的机油，尤其要注意黏度的确定，以保证发动机得到及时充分的润滑，防止普通润滑油黏度因气温下降而流动性变差，导致汽车冷起动困难，严重的会造成烧瓦、抱轴等事故。

2. 除雾

车窗起雾给行车带来不少困扰，尤其是前风窗部位，要特别注意出风口出风是否正常，热量是否足够，如果出现问题，要及时解决。此外，掌握一两种好的除雾方法相当有用。例如在车内备一条干毛巾，趁着停车时擦玻璃。还可采用空调吹热风的方式，以尽快吹干车窗的雾气。

3. 防冻

防冻是冬季车主最关心的事情，防冻液具有防冻、防"开锅"、防腐蚀、防水垢等作用。若防冻液冰点超过室外温度时，很容易结冰，最终易导致散热器被冻坏。因此，需要及时检测防冻液的冰点。

4. 轮胎

在秋冬季节，轮胎橡胶变硬、相对较脆，不仅摩擦系数会降低，也较易漏气、扎胎。因此，应经常检查轮胎有无明显的外伤、刮痕，胎压是否正常。

到了冬季，气温较低，要适当补充胎压，以使其保持在规定的气压范围内。胎压适当时，既能有效地保护轮胎表面，又提高了车辆燃油经济性。

5. 刮水器

冬季气温低，刮水器上老化的橡胶刮水片是僵硬的，无法正常使用，为保证安全最好更换。同时，应使用具有防冻功能的冬季玻璃清洗液，既有抗冻的作用，又有清洗、软化刮水片的功能。

6. 电器

冬季汽车耗电量大，要及时对蓄电池进行护理，清除蓄电池桩头上的氧化物。过低的温度会让蓄电池容量大大降低，最好进行一次彻底充电。蓄电池的使用寿命一般是2~4年，如果蓄电池已接近使用寿命，最好提前更换，以防误事。

冷车起动困难时，应隔30s左右再次起动，切忌连续点火，以防造成起动机损毁及蓄电池耗尽电能。冬季车内外的温差较大，车窗很容易结雾影响视线，因此要保持风窗、侧窗出风口、后窗的电加热丝处于良好状态。

冬季使用汽车电器时，应先起动车辆，待发动机正常工作后，再开前照灯等用电设备；停车时，应先关闭用电器，再熄火。在熄火停车时，尽量不要大量耗电，特别是电动窗、前照灯、音响等耗电量大的设备尽量不要使用。

你学会了吗？

1. 汽车进行季节性保养的作用是什么？
2. 汽车夏季的保养内容和注意事项有哪些？
3. 汽车冬季的保养内容和注意事项有哪些？

第11天　一级保养

学习目标

1. 了解一级保养的周期和作业内容。
2. 了解一级保养的竣工要求。

汽车的一级保养按汽车生产厂家推荐或规定的行驶里程或使用时间进行，一般在2500～5000km内。一级保养由专业维修工负责执行。作业核心内容除日常维护作业外，以清洁、润滑、紧固为主，并检查有关制动、操纵等安全部件，保持车辆的正常运行状况。一级保养的主要内容包括各总成和连接件的紧固，主要总成和部件的润滑，以及在外部检查时发现的一些必要的调整项目。

一、作业内容

一级保养的作业内容包括以下几项。

1. 发动机

1）检查润滑、冷却、排气系统及燃油系统是否渗漏或损坏。
2）更换机油及机油滤清器滤芯。
3）检查冷却液液面高度及防冻能力，必要时添加冷却液或调整冷却液浓度。
4）清洗空气滤清器，必要时更换滤芯。
5）检查清洗火花塞，必要时更换火花塞。
6）检查传动带状况及张紧度，视情况调整张紧度或更换传动带。
7）检查、调整点火正时及怠速转速。

2. 底盘

1）检查离合器踏板自由行程。
2）检查变速器是否渗漏或损坏。
3）检查等速万向节防尘套是否损坏。
4）检查转向横拉杆球头固定情况、间隙及防尘套是否损坏。
5）检查制动系统是否渗漏或损坏。
6）检查制动液液面高度，必要时添加制动液。
7）检查制动摩擦片或衬块的厚度，如图11-1所示。
8）检查、调整驻车制动装置。
9）检查轮胎气压、磨损及损坏情况。
10）检查车轮螺栓拧紧力矩。
11）检查轮胎花纹深度。

图11-1 检查制动片的厚度

3. 车身

1）润滑发动机舱盖及行李舱盖铰链。
2）润滑车门铰链及车门限位拉条。
3）检查车身底板密封保护层有无损坏。

4. 电气系统及空调

1）检查照明灯、警告灯、转向信号灯及喇叭的工作状况。
2）检查、调整前照灯光束。
3）检查风窗玻璃刮水器及清洗装置，必要时添加风窗玻璃清洗液。
4）检查蓄电池电解液液面高度。
5）检查空调系统是否泄漏。
6）检查、清洗空调滤清器。

二、一级保养竣工标准

1）发动机前后悬架、进排气歧管、散热器、轮胎、传动轴、车身、附件支架等的外露螺栓、螺母须齐全、紧固、无裂纹。

2）转向器、转向拉杆、制动操纵机构工作可靠，锁销齐全有效，转向横拉杆球头、转向传动十字轴承、传动轴十字轴承无松旷。

3）转向器、变速器、驱动桥的润滑油面，应在检视口下沿 0~15mm（车辆处于停驶状态），通风孔应畅通；变速器、减速器凸缘螺母紧固可靠。

4）各润滑脂油嘴齐全有效、安装位置正确；所有润滑点均已润滑、无遗漏。

5）空气滤清器滤芯清洁有效。

6）轮胎气压应符合规定，胎面无嵌石及其他硬物。

7）离合器踏板和制动踏板自由行程符合技术规定。

8）灯光、仪表、喇叭、信号齐全有效。

9）蓄电池电解液液面应高出极板 10~15mm，通风孔畅通，接头牢靠。

10）车轮轮毂轴承无松旷。

11）短途试车，检查维护效果。试车中，发动机、底盘运行正常，无异响；各操纵部位符合技术要求；转向、制动系统灵敏可靠；各部件紧固无松动；试车后，检视各部位无漏水、漏油、漏气和漏电现象。

你学会了吗？

1. 汽车进行一级保养的周期是多长？作业内容有哪些？
2. 汽车一级保养后的竣工标准是什么？

第 12 天　二 级 保 养

学习目标

1. 了解二级保养的周期和作业内容。
2. 熟悉二级保养的整车检验项目。

汽车作为损耗品，为保持其优良性能，一般每行驶 7500~10000km 就要进厂做二级保养。二级保养由专业维修工负责执行。作业核心内容除执行一级保养项目外，以检查、调整为主，并拆检轮胎，进行轮胎换位。汽车二级保养的目的是使车辆在以后的较长运行时间内保持良好的运行性能。

一、发动机部分

1）起动发动机，倾听发动机在怠速、中速和高速运转时有无异响。

2）检验气缸压力或真空度，必要时清除燃烧室积炭及研磨气门、调整气门间隙，检查油封及曲轴后轴承有无漏油现象。

3）根据情况拆检燃油泵，必要时在试验台上试验、调整，使其符合标准；更换空气滤清器和机油，清理汽油滤清器，检查管路和接头。

4）检查并紧固气缸盖和进、排气歧管及消声器的螺栓、螺母，检查发动机固定情况，以及飞轮壳与缸体的连接和紧固情况。

5）清理机油滤清器（更换滤芯），拆洗油底壳，清洗机油泵和机油集滤器，擦试和检查气缸壁，检查轴瓦（必要时调整），装上油底壳并紧固，按规定加注新机油至规定油面。

6）检查散热器及罩盖的固定情况和水泵工作情况，给水泵轴加润滑脂，检查百叶窗工作效能。

二、离合器及传动部分

1）检查离合器效能及底盖螺栓，调整踏板自由行程，向踏板轴加注润滑脂。

2）检查变速器放出的齿轮油，清洗变速器及齿轮，检查齿轮、轴及变速机构的磨损与飞轮壳螺栓的紧固情况，装复变速器盖，加注规定型号的齿轮油至规定油位。

3）检查万向节，根据情况调换十字轴的方向，检查传动轴、伸缩套的配合情况，检查中间支撑架及轴承，加注润滑脂，紧固拖车钩螺母。

4）检查驻车制动器工作情况和机件连接紧固情况，调整驻车制动器，给制动蹄销加注润滑脂。

5）根据情况拆检主减速器和差速器，检查齿轮的啮合情况，调整轴承的松紧度，添加或更换齿轮油，疏通通气孔，检查是否漏油，紧固螺栓、螺母。

三、前桥部分

1）检查前制动钳处是否有制动液泄漏，清洁并检查制动摩擦片，检查制动盘磨损情况及端面跳动量是否正常，调整前轮毂轴承松紧度，补充或更换润滑脂，紧固车轮螺栓。

2）检查、调整转向器，加注润滑脂，检查、调整转向盘的转动量及游隙，紧固固定螺栓、螺母，拆检转向横、直拉杆，以及直拉杆臂、转向臂球头及弹簧等，调整松紧度，紧固并加注润滑脂。

3）检查减振器的固定情况，如图12-1所示。检查减振器的减振功能。

4）紧固前保险杠、前拖钩、翼子板、发动机罩、脚踏板、驾驶室的固定螺栓、螺母等，检查制动器的工作情况并紧固螺栓、螺母，给制动凸轮轴加注润滑脂。

图12-1 检查减振器固定情况

5）检查前轴（工字梁）有无弯曲、断裂现象，检查、调整前轮前束值，拆检转向横拉杆球头，加注滴滑脂并紧固。

四、后桥部分

1）拆检后制动鼓、制动蹄片、弹簧、轴承、油封、蹄片轴、凸轮的磨损情况，调整制动蹄片间隙及后轮毂轴承松紧度，补充或更换润滑脂，检查轴距，根据情况进行半轴换位，紧固半轴凸缘螺栓、螺母，紧固轮胎螺栓、螺母和制动器螺栓、螺母，给制动凸轮轴加注润滑脂。

2）拆检主副钢板弹簧、钢板销、支架和吊耳、夹子等的螺栓、螺母的技术状况，加注润滑脂，进行装复和紧固。

3）检查并紧固油箱架螺栓、螺母、车厢挡板、后门挡板、车厢固定螺栓、螺母、挡泥板螺栓、螺母等。
4) 检查和紧固备胎架、工具箱。

五、电器设备

1) 检查蓄电池电解液密度,加注电解液或加注蒸溜水并充电,电桩头涂凡士林,以防腐蚀,疏通盖上的通气孔,检查起动线路,紧固蓄电池支架。

2) 检查汽车全部电器设备及完好状况,检查调整喇叭、指示灯、制动灯、转向灯、前照灯等以及电气仪表的工作状况,拆检、清理和润滑分电器,检验离心块弹簧拉力和真空调节器的工作情况,检验电容器和点火线圈和工作性能。

3) 检查、清理润滑发电机、调节器、起动机,试验其工作性能,每行驶 6000~8000km(可根据具体情况适当增减)或下一次二级保养时,必须对发电机、起动机解体进行预防性检查,以便消除隐患。

六、轮胎部分

1) 清除胎纹里的石子等夹杂物,检查外胎有无鼓包、脱层、裂伤、老化等现象。
2) 拆卸轮胎,对轮辋进行除锈,检查内胎有无损伤现象,按规定气压充气,进行轮胎换位。
3) 检查轮胎与翼子板、车厢底板、钢板弹簧、挡泥板等有无摩擦刮碰现象。

七、整车检验项目

检查汽车外表完好状况及油漆情况,检查车架有无裂缝、铆钉有无松动,检查制动系统工作效能及管路密封情况,检查转向系统的工作情况以及信号、照明设备的工作情况,按照"全车润滑图"中的规定检查润滑情况,如发现有故障或不合要求时,分别由有关工种维修人员调整修理。进行路试,倾听发动机在加速、中速、高速时的运转情况,有无不正常的响声,以及底盘部分有无不正常的响声。在各种不同速度下试验制动器的制动性能,应无跑偏、振颤、制动不灵现象以及不正常的响声。将汽车停在陡坡上,拉紧驻车制动器,车辆应停住不动。路试一段距离后,检查变速器壳、后桥主减速器壳、各制动鼓等处是否过热。路试后,发现有不正常现象,应立即予以检查、调整、维修。

你学会了吗?

1. 汽车二级保养的周期是多长?作业内容有哪些?
2. 汽车进行二级保养后的整车检验项目有哪些?

第 13 天　汽车的快速保养流程

1. 学习车辆快速保养的流程。
2. 两人一组,按每个流程表中的内容进行实际操作。

快速保养能够显著提高汽车保养的工作效率,同时避免车主长时间等待,满足他们的时间要求。快修快保店或4S店常采用这种工作方式。快速保养需要两名(技工A、技工B)或两名以上的技工通力合作,按保养流程依次完成各种保养维护项目。图13-1所示为某4S店两名技工正在配合检查灯光系统。

轿车的快速保养流程见表13-1~表13-5。

图13-1 检查灯光系统

表13-1 车内和发动机舱的检查(将车辆驶入工位)

流程	步骤	技工A作业流程 流程说明	流程	步骤	技工B作业流程 流程说明
车内部功能检查	1	技工A拿到派工单,了解作业内容,将车辆倒入工位	车外部功能检查	1	指挥技工A将车倒入工位,将工具车摆放在指定位置
	2	配合技工B的手势开启前部灯光开关		2	使用手势检查前部各灯是否正常点亮,有无损坏
	3	配合技工B的手势开启尾部灯光开关		3	使用手势检查尾部各灯是否正常点亮,有无损坏
	4	将档位置于倒车档		4	检查倒车灯和倒车雷达是否正常工作
	5	开启刮水器,检查刮水器联动、清洁、喷嘴工作是否正常		5	清理刮水片,必要时处理或更换
	6	开启天窗,检查开关工作是否良好		6	检查天窗玻璃滑动情况,对滑轨进行清洁润滑保养
	7	打开发动机舱盖、油箱盖、行李舱盖开关	发动机舱检查	7	打开发动机舱盖,放好翼子板护罩,对发动机舱盖铰链进行润滑
	8	将档位置于空档,起动发动机		8	检查发动机舱有无泄漏痕迹,检查自动变速器油和其品质,检查玻璃清洗液、助力转向油、防冻液、制动油,必要时进行添加或更换
	9	确认发动机舱检查完后关闭发动机		9	检查传动带张紧力,有无裂纹毛刺,清洁发动机表面灰尘
	10	技工B检查发动机舱的同时,技工A检查车内功能、顶灯、仪表灯、变速杆、空调风量、音响、点烟器、四门玻璃、门锁工作情况是否正常		10	紧固左右减振器顶座螺栓,打开发动机加油盖
	11	检查转向盘间隙、喇叭、制动踏板自由行程是否正常,拉起驻车制动器时听棘齿响声的次数	配件领料	11	技工B到仓库领取配件
	12	检查前、后排安全带收缩功能是否正常,后门儿童锁是否处在开锁状态	支起车辆	12	支起车辆右侧
行李舱检查	13	检查油箱盖开启状况是否正常,打开行李舱,检查行李灯,取出备胎			
支起车辆	14	解除驻车制动,支起车辆左侧			

要点:①转向盘间隙应在30mm以内;②制动踏板自由行程应在3~8mm;③驻车制动器的响声应在6~8声。

表13-2 车胎部位的保养（车辆升至中部）

技工A作业流程			技工B作业流程		
流程	步骤	流程说明	流程	步骤	流程说明
左前轮胎保养	1	将车辆举升到中部，检查左前轮胎气压，轮胎是否有损伤、变形、磨损，清理轮胎异物，拆卸轮胎	右后轮胎保养	1	检查右后轮胎气压，轮胎是否有损伤、变形、磨损，清理轮胎异物，拆卸轮胎
左前悬架检查	2	检查轮毂轴承和横拉杆是否松动，检查弹簧和防尘套有无损伤，减振器有无漏油	右后悬架检查	2	检查轮毂轴承和横拉杆是否松动，检查弹簧和防尘套有无损伤，减振器有无漏油
左前制动装置保养	3	检查制动软管有无损伤、漏油、松动情况，进行制动片保养，分泵螺栓拆装润滑	右后制动装置保养	3	检查制动软管有无损伤、漏油、松动情况，进行制动片保养，分泵螺栓拆装润滑
左后轮胎保养	4	和前轮保养内容相同（轮胎保养、悬架检查、制动保养）	右前轮胎保养	4	和后轮保养内容相同（轮胎保养、悬架检查、制动保养）

表13-3 底盘部位的保养（车辆升至上部）

技工A作业流程			技工B作业流程		
流程	步骤	流程说明	流程	步骤	流程说明
底部油液检查	1	技工A将车辆升至上部，拆卸发动机下护板，检查防冻液、机油、变速器油有无渗漏现象	放空机油	1	准备好机油收集器，放空机油，更换放油螺栓垫片
前部悬架检查	2	检查传动带有无老化、开裂；检查防尘套有无损伤漏油现象；检查横拉杆有无松动，转向器连接部位有无损伤漏油	后部悬架检查	2	检查汽油管有无变形渗漏，驻车制动拉索有无松动、变形、磨损现象；检查后悬架坚固力矩和连接情况；检查排气管有无泄漏，固定是否牢靠
				3	安装机油滤清器，安装时润滑密封圈，拧紧放油螺栓，并擦拭油渍

表13-4 保养件的更换（车辆降至下部）

技工A作业流程			技工B作业流程		
轮胎安装	1	技工A按照左前、左后、右后、右前的顺序安装轮胎，按照对角线锁紧螺母	更换前部保养件	1	更换空气滤清器、火花塞、清洗节气门和怠速电动机

表13-5 保养件的更换（车辆落地）

技工A作业流程			技工B作业流程		
轮胎紧固	1	技工A拉起驻车制动，按照右前、右后、左后、左前的顺序拧紧轮胎螺栓	更换汽油滤清器	1	共同完成汽油滤清器的更换
备胎检查	2	检查备胎气压和磨损情况，并放回备胎	加注机油	2	加注发动机机油，检查机油量，紧固机油盖和紧固发动机舱盖

(续)

		技工 A 作业流程			技工 B 作业流程
门铰链润滑	3	对行李舱盖、右后门、右前门、发动机舱盖、左前门、左后门锁和铰链进行清洁润滑,关闭行李舱盖	检查机油量	3	起动发动机后关闭,再次确认机油量
单据填写	4	填写保养确认单,将检查结果填写在确认单上,双方共同签字,填写派工单作业栏签字,填写完工时间	清理现场	4	双方共同清理作业现场,整理及妥善放置工具
清理现场	5	交车检验			

你学会了吗?

1. 车辆的快速保养有什么意义?适用于哪些场合?
2. 试叙述车内和发动机舱的快速检查流程。
3. 底盘部位的快速保养流程是怎样的?

第 14 天　车辆年检前的检查

1. 了解车辆年检的时间和材料。
2. 熟悉车辆年检的流程和注意事项。
3. 学习车辆年检前的项目检查内容。

车辆需要定期年检,不同类型、使用性质的车辆有不同的时间要求。车辆年检的主要目的在于检查车辆主要技术状况,及时消除车辆安全隐患,督促车主加强车辆的维护保养,使车辆经常处于完好状态,确保行驶安全。年检的地点是汽车检测站。从 2018 年 9 月 1 日起,全面推行小型汽车、货车和中型客车跨省异地检验。申请人可以在机动车登记地以外省份直接检验车辆,申领检验合格标志,无需办理委托检验手续。

一、年检需要的证件及材料

年检一般需要以下证件和材料:机动车登记证书、行驶证(原件及复印件一份)、车主身份证原件(若是代理人年检,还需要代理人的身份证原件及复印件一份)、交强险副本、车船税完税凭证及年票(有的不需要)。

二、年检的流程

1)在办证大厅办理送检申请后,在拓印处拓印发动机号码。
2)检验业务大厅受理资料及核对 VIN(车架号),办理车辆检测交接手续。
3)按车型缴纳费用后,将车辆行驶至停车区域,先进行外观检测,核对车架号和发动机号正确无误。

4）按工作人员指示把车开到废气检测线前，由检验员将车辆行驶至检测车间进行废气检测。车辆过检测线进行检测称为"过线"，如图14-1所示。

5）进入自动检测系统，依次通过速度台、侧滑台、制动台、灯光仪的检测后，将车交还车主。

6）车主向检验员索取检测报告和检验申请表，若检测项目全部通过，就可以去办证大厅支付检测费，在签证窗口领取行驶证和合格证标签；如果有不合格的项目，车主自行修理调整后参加复检，直到合格后才能去办理签证手续。

图14-1 车辆过检测线

三、年检注意事项

1）查看有无违法记录，及时处理违法记录。
2）检查行李舱有无灭火器和三角架。
3）车牌有破损、磨损、褪色的提前更换新车牌。
4）加装脚踏板、爆闪灯等都要拆卸，改装轮毂要换回之前的。
5）面包车等7座以上的车辆座位要放全，跟行驶证上的座位数相吻合，每个座位都要有安全带。

四、年检前的检查项目

1）检查机油的油量和清洁度：如果机油颜色发黑变质，应更换较好的机油和机油滤清器；如果油面高度不够应及时补充。
2）检查空气滤清器，视情况清洁或更换滤芯。
3）已经行驶了15000km未更换汽油滤清器的，应更换。
4）检查火花塞工作情况，视情况清除表面积炭或直接更换。
5）检查制动系统。检查制动摩擦片厚度、制动管路是否有泄漏、制动性能是否良好，如有问题应及时调修。
6）检查轮胎气压、轮胎磨损情况。如磨损超过极限应更换，偏磨严重应查找原因，做四轮定位检查。
7）检查全车灯光是否齐全，应能正常开启。
8）用尾气分析仪测量尾气是否合格，如超标，则需要对发动机（包括进排气系统）进行检查修理。新车容易通过尾气检测，使用几年的电喷汽油车尾气排放超标主要原因有油品差、进气系统不畅、发动机积炭、气缸磨损、三元催化器失效、氧传感器失控等，通过换加高标号汽油、拉高速去积炭、清洗或更换三元催化器能很好改善尾气排放。
9）将车辆进行全面的清洁，包括车身、驾驶室、发动机舱、底盘。

你学会了吗？

1. 汽车年检需要的证件及材料有哪些？
2. 车辆年检的流程是怎样的？年检注意事项有哪些？
3. 年检前的检查项目有哪些？

第15天　备胎的更换方法

学习目标

1. 掌握备胎的更换方法和注意事项。
2. 弄懂车轮螺栓的拧松/拧紧方向。

实际操作

更换备胎看起来简单，然而对很多新手甚至初级维修工都是有难度的事情。

1）先把车子停在接近水平面及安全的地方，拉好驻车制动，开启危险警示灯。

2）如图15-1所示，下车从行李舱中取出备胎及其他有关工具，并在车后适当位置放置三角警示牌，准备更换轮胎。

3）先以对角形式拧松车轮螺栓。然后把千斤顶放在底盘支架上，将车身慢慢升起至车轮只有少许贴着地面，如图15-2所示。

图15-1　取出后备轮胎

图15-2　设置千斤顶

提　示

大货车的车轮螺栓的转动方向特殊，汽车左侧的车轮螺栓往逆时针方向拧紧（汽车前进的方向），顺时针方向拧松；汽车右侧的车轮螺栓往顺时针方向拧紧，逆时针方向拧松。

若力气小用双手拧不动，可加长套筒力臂，或平放套筒杆时人站到杆身上借助体重松动车轮螺栓。

4）此时，再一次转动千斤顶把车身升高10cm左右，确保有足够空间把备胎垫在车底，以防车子突然跌下，如图15-3所示。

5）如图15-4所示，先将车轮螺栓逐一松脱，然后取出已破损的轮胎，放在车底，接着装上备胎。

6）装上备胎后，确保螺栓位置正确，以对角形式拧紧车轮螺栓。由于车轮仍是悬在半空，所以螺栓不能拧至最紧状态。

7）随后把车底下的轮胎拿走，然后把千斤顶慢慢放下。当轮胎着地后便可再一次以对角形式逐一把车轮螺栓拧紧。

8)最后把千斤顶及破损的轮胎收回行李舱,便完成了整个换胎程序。

图15-3　举升车辆垫入备胎

图15-4　卸下破损的轮胎

你学会了吗?

1. 汽车备胎的更换步骤是怎样的?
2. 怎样判定车轮螺栓的拧松/拧紧方向?
3. 更换汽车备胎时,应注意哪些事项?

第三章 发动机维修必知必会

可变气门正时系统

发动机常见故障的检修

第 16 天　发动机的总体构造与工作原理

1. 了解发动机的基本结构，并在发动机上指出各组成部件的名称。
2. 了解汽油发动机的工作原理。
3. 了解发动机的四个行程是如何运作的。
4. 掌握四冲程汽油机的工作特点。

一、发动机的总体结构

当今汽车的发动机大都是将汽油或柴油与空气混合后，直接在气缸内部燃烧，利用燃烧气体的膨胀压力来推动机器运转产生动力的，所以称为内燃机。由于发动机的基本工作原理相似，总体构造也就大体一致。汽油发动机通常由两大机构和五大系统组成，马自达 6 发动机总体结构如图 16-1 所示。

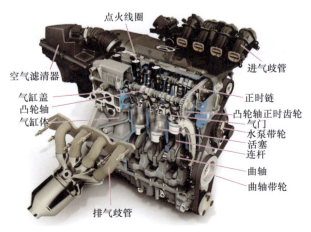

图 16-1　马自达 6 发动机总体结构图

汽油发动机的基本结构见表 16-1。

表 16-1 汽油发动机的基本结构

结构名称	部件组成	功用
曲轴连杆机构	主要由机体组（气缸体、气缸盖、油底壳）、活塞连杆组（活塞、连杆）、曲轴飞轮组（曲轴、飞轮）组成	曲轴连杆机构是产生和输出动力的机构，是发动机实现热功能转换的主要运动部件。机体是发动机的基本骨架，提供活塞运动的空间。活塞与连杆用来承受气体压力，推动曲轴旋转做功，对外输出动力。曲轴与飞轮将连杆传来的力变成旋转转矩，经飞轮传给传动装置，同时驱动水泵、发电机等附件工作
配气机构	大多采用单顶置/双顶置气门配气机构，主要由气门组（气门、气门导管、气门弹簧）和气门传动组（正时齿轮、正时链或正时带、凸轮轴、挺柱、摇臂、摇臂轴）组成	根据发动机的做功顺序和各缸工作循环的要求，定时开启和关闭进、排气门，使可燃混合气及时进入气缸，并排除废气
燃料供给系统	大多采用电控燃油喷射系统，由油箱、汽油泵、汽油滤清器、空气滤清器、进气歧管、排气歧管、传感器、喷油器和电控单元等主要机件组成	其作用是把汽油和空气混合成比例合适的可燃混合气送入气缸，并使燃烧后生成的废气排出缸体
润滑系统	一般由机油泵、集滤器、限压阀、润滑油道、机油滤清器、机油冷却器等组成	其作用是将润滑油送到相对运动零件的摩擦表面，减轻机件磨损，还有冷却、清洗零件表面及密封、减振和防锈的功能
冷却系统	冷却系通常由水泵、散热器、风扇、循环水套、水管、节温器和水温表等主要机件组成	其作用是利用冷却液或空气使发动机受热机件冷却，把机件多余的热量散发出去，以保持发动机正常的工作温度
点火系统	主要由蓄电池、发电机、分电器、点火线圈、火花塞和点火开关等组成	其作用是将蓄电池或发动机的低压电变成高压电，并按发动机的工作顺序，依次击穿缸内火花塞间隙，产生电火花，点燃可燃混合气
起动系统	由蓄电池、起动机和起动控制开关（点火开关）等组成	起动系统的作用是通过电力驱动曲轴旋转，使发动机从静止状态进入正常工作状态

二、汽油发动机的工作原理

汽油发动机通过不断燃烧汽油空气混合气产生热能。燃烧在一个封闭的圆柱形空间（燃烧室）内进行，该燃烧室可通过活塞移动改变容积。热能在燃烧室内产生高压，从而推动活塞进行往复运动。

四冲程汽油发动机的基本结构如图 16-2 所示，主要部件有气缸、进气门、排气门、活塞、燃烧室、连杆、曲轴和火花塞。活塞通过连杆将作用力和运动传递到曲轴上。在此过程中将活塞的直线运动转化为曲轴的转动。

活塞的回复点又称为止点。因此，活塞到达上止点（TDC）时燃烧室容积最小，到达下止点（BDC）时燃烧室容积最大。

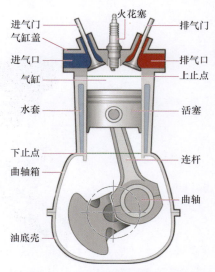

图 16-2 四冲程汽油发动机的基本结构

在传统汽油发动机中,汽油和空气的混合气在燃烧室外部混合,随后进入燃烧室内。而在现代直喷汽油发动机中,直接在燃烧室内形成汽油-空气混合气。

汽油发动机采用火花点火方式,即混合气通过火花塞点燃。

三、四冲程发动机工作循环

发动机的作用就是将燃料燃烧的热能转换为机械能,从而输出动力。其能量的转换是通过反复进行进气→压缩→做功→排气四个连续过程来实现的,这四个行程(表16-2)构成了一个工作循环。

表16-2 四冲程发动机工作原理

行程	示意图	工作原理
进气行程		**第一冲程** 活塞朝曲轴方向运动,进气门打开,排气门关闭。活塞通过向下运行时,气缸内容积逐渐增大,形成一定真空度。经过滤清的空气与汽油混合成可燃混合气,通过进气门被吸入气缸。活塞到达下止点时,进气门关闭,进气冲程结束
压缩行程		**第二冲程** 进、排气门均关闭,活塞在曲轴带动下,从下止点向上止点运动。因为这时容积减小,混合气的压力升高。压缩所需要的功提高了混合气的内能,温度升高。快要到达上止点时,火花塞产生电火花点燃可燃混合气,并迅速燃烧,使气体的温度、压力迅速升高而膨胀,因此作用在活塞上的很大的力驱动活塞重朝曲轴方向运动(过渡到第三冲程)
做功行程		**第三冲程** 随着混合气在缸内的燃料,气体的温度、压力迅速升高而膨胀,推动活塞从上止点向下止点运动,再通过连杆驱动曲轴对外做功,活塞到达下止点时做功行程结束。在做功行程的开始阶段,气缸内气体压力、温度急剧上升。随着活塞下移,压力、温度下降

(续)

行　程	示　意　图	工　作　原　理
排气行程		**第四冲程** 做功行程终了时，排气门打开，曲轴通过连杆推动活塞从下止点向上止点运动。废气在自身压力和活塞推动作用下，经排气门被排出气缸。排气行程终了时，由于燃烧室占有一定容积，气缸内还存有少量残余废气，气体压力也因排气门和排气管的阻力而仍高于大气压力 在第四冲程结束时排气门关闭，进气门打开，开始一个新的四冲程循环

四、四冲程汽油机的工作特点

通过上述四冲程汽油机工作循环的分析可知，四冲程汽油机具有以下工作特点：

1）每个工作循环中曲轴旋转两周（720°），活塞上下往复运行四个单程，进、排气门各开启一次。

2）四个行程中，只有做功行程是有效行程，其余都是辅助行程，靠消耗飞轮储备的能量来完成。

3）可燃混合气是利用电火花点燃的。

4）发动机起动必须用外力使曲轴转动。

提示

　　四冲程柴油机和四冲程汽油机一样，每个工作循环也要经历进气、压缩、做功、排气四个行程。但由于柴油机用的燃料是柴油，其黏度大，蒸发性差，而自燃温度却比汽油低。因此，柴油机在可燃混合气的形成及着火方式等方面与汽油机有较大的区别。汽油机靠电火花点燃可燃混合气，而柴油机是用高压将柴油喷入气缸内，靠压缩后的高温空气加热，自行着火燃烧。因此，汽油机具有一个专门的点火系统，而柴油机则没有。

你学会了吗？

1. 汽油发动机通常由_____和_____组成。
2. 简述发动机的基本结构和各部分的组成、作用。
3. 汽油发动机的工作原理是怎样的？
4. 四冲程包括_____、_____、_____和_____。
5. 四冲程汽油机的工作特点有哪些？

第 17 天　动力总成悬置系统和发动机的吊卸

1. 了解动力总成悬置系统的组成与特点。
2. 学习发动机的吊卸方法。

一、动力总成悬置系统

动力总成悬置系统用来支撑动力总成（发动机和变速器）的重量，抑制由于包括内部反作用力的外力造成的对动力装置的动态位移，防止来自发动机等处的起振力向车身振动传递，是一种缓冲系统。动力总成依靠三点悬置固定在车身和副车架上，左悬置、右悬置通常为压缩式橡胶悬置，固定在车身上；副车架上的后悬置采用了扭杆式发动机支座（摆动支承），通过降低发动机旋转方向的振动，提高了舒适性。

奥迪 Q3 2.0TFSI 发动机的悬置系统如图 17-1 所示，由于奥迪 Q3 的底盘需要满足运动式动态运行特点，因此就使用了液压式的动力总成悬置。此横置发动机使用的是普通的抗扭悬置，也称摆动（自动调心式）悬置。这种悬置的基本原理就是将牵引功能和支承功能分开了。悬置内的液压减振机构大大降低了动力总成的低频运动，因此大大提高了车辆的振动舒适性。发动机所产生的转矩由摆动支承吸收，这个摆动支承是一个弹性支座，该支座直接连在变速器上并通过副车架与车身相连。

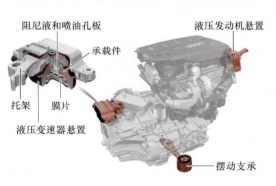

图 17-1　奥迪 Q3 2.0TFSI 发动机的悬置系统

二、发动机的吊卸

发动机大修时，需要断开发动机总成与汽车上各部件的连接关系（包括松开发动机悬置），再从发动机舱中吊卸下来。菲亚特菲翔 1.4T 发动机动力总成支架如图 17-2 所示。

此车带手动变速器的动力总成的拆卸方法如下：

1）将汽车开到举升机上。
2）拆卸前轮。
3）拆卸发动机底部护板和前部下方护板。
4）放出手动变速器润滑油。
5）回收空调系统制冷剂。
6）排尽发动机冷却液。

图 17-2　菲亚特菲翔 1.4T 发动机动力总成支架
1—正时侧弹性支架　2—正时侧刚性支架
3—变速器侧弹性支架　4—变速器侧刚性支架
5—差速器侧反作用杆　6—差速器侧反作用杆固定支架

7）拆下蓄电池和蓄电池支架/托盘。
8）拆下发动机冷却液罐。
9）拆卸隔声罩。
10）拆卸前保险杠。
11）拆下左右前照灯。
12）拆卸空气滤清器冷气进气口、进气软管。
13）拆卸底部发动机组件。
14）拆卸发动机舱盖锁和前端总成。
15）拆卸发动机底部的左右固定支柱。
16）断开带万向节的右驱动轴和中间轴。
17）按如下方法拆下变速器底部反作用杆：
① 旋开固定底部反作用杆至悬架横梁的螺钉1，如图17-3所示。
② 旋开固定底部反作用杆至变速器支架的螺栓2。
③ 拆卸底部反作用杆3。
18）按如下方法拆下变速器底部反作用杆支架：
① 旋开固定底部反作用杆至变速器支架的螺栓1，如图17-4所示。
② 旋开固定底部反作用杆的变速器支架螺钉2。
③ 拆卸用于反作用杆的变速器支架3。
19）断开涡轮增压系统的进排气管。
20）拧松转向拉杆球头螺母1，如图17-5所示。

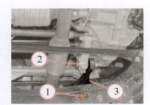

图17-3 拆卸变速器底部反作用杆

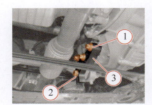

图17-4 拆卸反作用杆支架

图17-5 松开转向拉杆球头螺母

21）使用提取器1，将转向拉杆2从车轮支柱断开，如图17-6所示。
22）拧松固定横臂式前悬架到车轮支柱的螺栓1，如图17-7所示。
23）使用适当工具，从差速器拆除左驱动轴1，并将它从侧面连接，如图17-8所示。

图17-6 断开转向拉杆

图17-7 松开车轮支柱螺栓

图17-8 断开左驱动轴

24）拧松制动/离合器储液罐塞并安装工具1（顶盖），如图17-9所示。
25）断开制动器伺服机构真空管。
26）打开夹子并从压力调节器侧断开回油管到油箱的快速连接器。
27）打开夹子并从燃油歧管侧断开输油管的快速连接器。
28）断开燃油蒸气管快速接头（进气室侧）。
29）断开齿轮啮合/选档器电缆1，如图17-10所示。
30）打开夹子2并从反作用支架松开选档器和啮合电缆。

图17-9　在储液罐上安装顶盖

图17-10　断开换档/选档电缆

图17-11　拆除管支架

31）断开冷却液供水管和回水管的快速连接器（加热器侧）。
32）断开倒车灯开关的电气插接器。
33）断开发动机管理系统控制单元的电气插接器。
34）拧松螺钉并断开压缩机管的连接器。
35）拧松螺栓1并在发电机侧将管从管支架2拆除，如图17-11所示。
36）断开倒车灯开关的电气插接器1，如图17-12所示。
37）拧松螺母2并断开蓄电池接地线。
38）向后移动夹子3，并从离合器释放同轴执行器断开软管。
39）安装动力装置提升支架1，如图17-13所示。
40）在排气歧管侧安装一个适当的动力装置提升支架。
41）使用液压起吊机和连接到安装支架的吊具1支承动力装置，如图17-14所示。

图17-12　断开倒车灯开关

图17-13　安装动力装置提升支架

图17-14　安装发动机吊具

42）拧松将活动支架1固定到变速器侧刚性动力装置支架的螺钉2，如图17-15所示。
43）拧松将活动支架固定到正时侧刚性动力装置支架的螺钉1，如图17-16所示。
44）从发动机舱拆除发动机动力总成并将之定位在平台上。

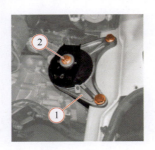

图 17-15 拆卸变速器侧支架

图 17-16 拆卸正时侧支架

你学会了吗？

1. 动力总成悬置系统的作用是什么？发动机和变速器是怎样安置在车上的？
2. 怎样将发动机从发动机舱中吊卸出来？

第 18 天　发动机附件传动带

学习目标

1. 了解发动机附件传动带的作用和缠绕顺序。
2. 掌握附件传动带的检查方法。
3. 掌握附件传动带的更换方法。

基础知识

发动机附件传动带位于发动机前端，为多楔带传动机构。多楔带是一种单面呈多 V 形的传动带，这种传动带在高速时也能安静而无振动地运行。附件传动带由张紧轮进行张紧，其作用是在曲轴带轮的驱动下带动交流发电机、水泵、空调压缩机等发动机附件。附件轮系主要依靠传动带和带轮间的摩擦将主动轮的动力传递到各从动轮上，保障发动机和其他电器附件正常工作。大众 MPI 发动机的附件传动带如图 18-1 所示。

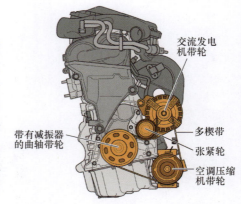

图 18-1　大众 MPI 发动机的附件传动带

实际操作

一、附件传动带的检查

1) 检查附件传动带是否有裂缝。如图 18-2 所示，若裂缝损坏超出可接受极限，则安装一个新的附件传动带。

2)检查附件传动带是否损坏。如果发现有结块(是指长块橡胶从附件传动带上脱落的情况)丢失,则安装一个新的附件传动带。

3)检查附件传动带 V 形槽是否有橡胶球。达到肋条高度 50% 的长橡胶球,可能导致噪声问题。如果有明显的噪声,安装一个新的附件传动带。

4)检查附件传动带是否正确缠绕在带轮上,V 形槽是否与带轮正确接触。

5)对于手动调节的附件传动带,向传动带施加 100N 的力,测量传动带的变形量 a 是否在标准偏差范围内,如图 18-3 所示。如超出范围,则调整张紧力或更换传动带。

图 18-2　附件传动带有裂缝

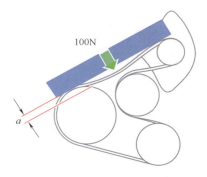

图 18-3　附件传动带张紧力的检查

二、附件传动带的更换

附件传动带是用橡胶制造,随着时间推移会变硬产生裂缝。因附件传动带在一些带轮后转动,裂缝会向上开裂。当裂缝深至槽底部裸露出拉索或附件传动带少了任何结块时,需更换附件传动带。奇瑞 1.5T 发动机附件传动带的更换方法如下:

1)将棘轮棘杆头部插入张紧器销孔内,按图 18-4 所示方向,向上转动张紧轮,取下附件传动带。

2)如需更换惰轮和张紧轮,则用 16 号套筒拆卸惰轮和张紧轮总成,如图 18-5 所示。

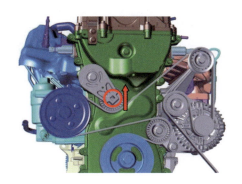

图 18-4　取下附件传动带

图 18-5　拆卸惰轮和张紧轮总成

3)将惰轮和张紧轮装配到发电机支架和正时罩盖相应的螺栓孔位置并拧紧。

4)用 16 号套筒将惰轮和张紧轮拧到规定力矩(40N·m + 5N·m)。

5)按图 18-4 所示绕法将附件传动带套到对应的带轮上,将棘轮棘杆头部插入张紧销孔内，按图示方向向上抬动，装上附件传动带。

奇瑞 1.5T 发动机附件传动带依次绕过曲轴带轮、压缩机带轮及其惰轮、发电机带轮及其惰轮、自动张紧轮和水泵带轮，以实现它们的连接。

 你学会了吗？

1. 发动机附件传动带的结构是怎样的？起什么作用？
2. 怎样检查发动机附件传动带？
3. 怎样更换发动机附件传动带？

第 19 天　进　气　系　统

1. 了解发动机进气系统的作用和组成。
2. 掌握节气门体的检修方法。
3. 掌握节气门体的清洗方法。

 基础知识

进气系统的主要功用是提供足够的干净的空气，保证可燃混合气的质量。空气进入发动机舱的空气滤清器总成，经过滤后通过电子节气门或怠速旁通道进入进气歧管，与喷油器喷出的雾状汽油混合形成可燃混合气，最后通过开启的进气门进入气缸内。

采用进气歧管喷射系统的大众 MPI 发动机进气系统如图 19-1 所示，它由带谐振腔的进气管、空气滤清器、节气门控制单元、进气歧管和气缸盖内的进气道组成。

图 19-1　大众 MPI 发动机进气系统

 **实际操作**

一、机械式节气门体的检修

1. 机械节气门体常规检查

1）检查节气门拉索钢丝与节气门体旋架的配合松紧是否正常；拉索与节气门体旋架槽的对中性。

2)检查节气门体位置传感器和步进电动机线束接插件安装是否牢固,可重新插接线束。

3)检查节气门扭簧是否卡死或脱出限位,检查节气门体阀片怠速回位是否正常,以及怠速螺钉与限位片是否完全接触。

4)检查节气门体怠速螺钉是否被调整;检查节气门体怠速流量是否过高或过低,可调整怠速螺钉。

2. 机械节气门体内部结构检查

1)拆除空滤器出气管和节气门拉索后检查节气门体积炭情况,用手轻旋节气门体旋架,检查节气门体开启过程中是否存在卡滞,根据节气门具体情况判断是否需要清洗节气门体。

2)检查节气门体的转动灵活性。如图 19-2 所示,用手缓慢旋转节气门体旋架,检查节气门体旋转力矩是否均匀平稳,节气门体是否能够平稳回到怠速位置,判断节气门体是否存在卡滞或不回位现象。

3)起动发动机,在空档时用手旋转节气门体,检查节气门体是否能平稳回到怠速位置,同时检查转速表变化及怠速位置信号是否平稳正常。

图 19-2　检查节气门体的转动灵活性

3. 节气门位置传感器检测

1)停机状态下用万用表连接节气门位置传感器,用手匀速旋转节气门体旋架,检查万用表电阻值或电压值是否均匀变化,从而判断节气门位置传感器是否失效。

2)用故障诊断仪检查发动机怠速工况各种参数,分析步进电动机是否失效。

二、节气门体的清洗

车辆正常使用一段时间后,在节气门体总成主通道、阀片、旁通道甚至节气门体步进电动机处都会有积炭和污垢,可能会引起发动机怠速不稳、节气门体发卡、怠速高等故障,因此建议定期对节气门体总成进行清洗。

1)选择清洗剂。清洗剂主要是清洗节气门体主通道、阀片、旁通道和怠速步进电动机的。此清洗剂不得含有强腐蚀性物质,一般使用化油器清洗剂。

2)将节气门体总成从发动机上拆卸下来。

3)将节气门体步进电动机从节气门体总成上拆卸下来,请注意保管并单独清洗步进电动机上的密封圈。除节气门体步进电动机安装螺钉外,不要拆卸其余螺钉。

4)先将清洗剂均匀适量的喷涂在节气门体主通道、节气门体阀片两面、节气门体轴和节气门体旁通道处,浸泡一下;然后打开节气门阀片,用清洗剂将溶解后的积炭等其他杂质冲洗掉,再用棉布浸湿清洁剂将节气门体擦拭干净,如图 19-3 所示。

5)检查怠速步进电动机(若装备)表面积炭。

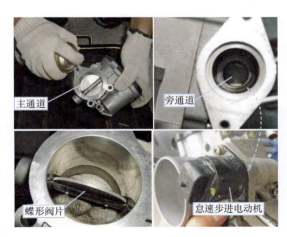

图 19-3　节气门体的清洗方法

注意

不要将清洗剂喷入步进电动机上部的线圈部分。

6）将步进电动机按照拆解时的方向装配在节气门体总成上，注意不要遗失步进电动机密封圈，并拧紧步进电动机的两个安装螺钉。

7）将清洗干净的节气门体总成装回整车，起动发动机，检查怠速、加速等工况运行情况。

你学会了吗？

1. 发动机进气系统起什么作用？它由哪些部分组成？
2. 怎样检修机械式节气门体？
3. 怎样清洗节气门体？清洗节气门体时的注意事项有哪些？

第 20 天　机　体　组

学习目标

1. 了解机体组的结构和作用。
2. 学会使用气缸压力表测量气缸压缩压力。
3. 掌握气缸盖的拆装方法。
4. 学会使用量缸表测量气缸的直径及检查气缸。

基础知识

按从上到下的顺序，机体组主要由气缸盖罩、气缸盖、气缸垫、气缸体和油底壳等组成，如图 20-1 所示。机体组是发动机的框架，是曲柄连杆机构、配气机构和发动机各系统主要零部件的装配机体。气缸盖用来封闭气缸顶部，并与活塞顶和气缸壁一起形成燃烧室。另外，气缸盖和机体内的水套和油道以及油底壳又分别是冷却系统和润滑系统的组成部分。

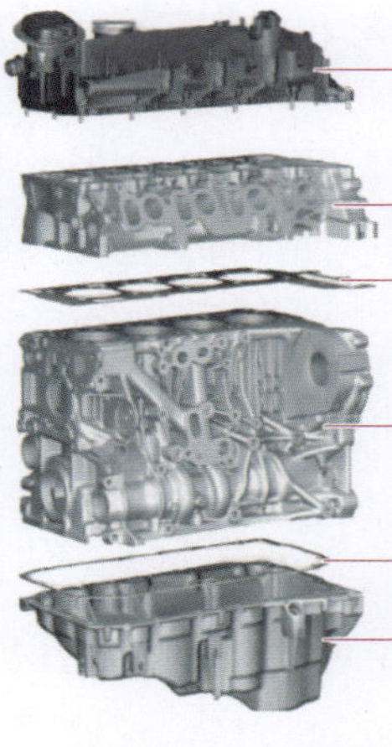

实际操作

图 20-1　机体组的结构

一、气缸压缩压力的测量

如果发动机动力不足、冷起动困难、耗油量过大或燃油经济性不佳，需要测量气缸压缩压力。测量起亚 K2 发动机气缸压力的具体步骤如下：

1）确定曲轴箱内的机油黏度适当，油位正确，并且蓄电池适当充电。然后使发动机工作达到正常工作温度。

2）拆卸发动机装饰盖。
3）拆卸点火线圈。
4）使用火花塞专用扳手，拆卸4个火花塞。
5）检查气缸压缩压力，方法如下：
① 在火花塞孔内插入气缸压力表，如图20-2所示。
② 将节气门放在全开位置。
③ 起动发动机，测量压缩压力。一定要使用电量充足的蓄电池，使发动机达到250r/min以上的速度。
④ 对各缸按①～③的步骤重复检测。
气缸压力：标准值为1225.83kPa，最小压力值为1078.73kPa，各缸之间的压力差<98kPa。
⑤ 若其中一个缸或更多气缸压力过低，从火花塞孔向气缸注入少量发动机机油，然后对低压气缸重复步骤①～③。

如果添加机油使压力上升，可能是活塞环或气缸内径磨损或损坏；如果压力持续低，可能是气门咬粘、气门座不良或气缸盖衬垫漏气。

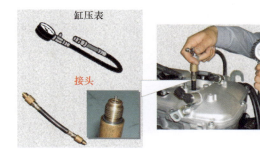

图20-2　安装气缸压力表

二、气缸盖的拆装方法

发动机大修，如更换活塞、连杆，检修气缸时，需要拆装气缸盖。气缸盖的拆装步骤如下：
1）拆卸发动机装饰盖、进排气歧管、正时带和气缸盖罩。
2）拆卸正时带自动张紧器、凸轮轴正时齿轮。
3）拆卸凸轮轴轴承盖和凸轮轴。
4）拆卸发动机装配支撑支架固定螺栓。
5）拆卸气缸盖螺栓，并拆卸气缸盖，方法如下：
① 使用六角扳手，按由两边到中间的对角顺序拧松并拆卸气缸盖螺栓，如图20-3所示。
② 使用一把塑料锤子轻敲缸盖肋部，以便拆卸气缸盖，并将气缸盖放置在工作台的木块上。
6）将气缸盖对准气缸体的定位销，然后放平，使用六角扳手，按由中间到两边的对角顺序拧松10个气缸盖螺栓（和图20-3中的顺序相反）。
7）其他步骤按与拆卸相反的顺序进行。

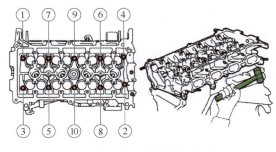

图20-3　气缸盖的拆卸方法

三、气缸的检查方法

当活塞的磨损达到一定程度后，将引起发动机动力性、燃油经济性明显下降。这时，应将发动机拆解后对气缸进行检查。除了检查气缸壁是否有划痕、损伤外，主要是测量气缸直径，进而计算出气缸的圆度和圆柱度，再将其和规定值对比，看是否在规定范围内。

1）安装、校对量缸表。方法如下：

① 按被测气缸的标准尺寸选择合适的接杆，装上后，暂不拧紧固定螺母。

② 把外径千分尺调到被测气缸的标准尺寸，将装好的量缸表放入千分尺。

③ 稍微旋动接杆，使量缸表指针转动约 2mm，使指针对准零刻度处，扭紧接杆的固定螺母。为使测量正确，重复校零一次。

2）读数方法如下：

① 百分表表盘刻度为 100，指针在圆表盘上转动一格为 0.01mm，转动一圈为 1mm；小指针移动一格为 1mm。

② 测量时，当表针顺时针方向离开"0"位，表示缸径小于标准尺寸的缸径，它是标准缸径与表针离开"0"位格数的差；若表针逆时针方向离开"0"位，表示缸径大于标准尺寸的缸径，它是标准缸径与表针离开"0"位格数之和。

③ 若测量时，小针移动超过 1mm，则应在实际测量值中加上或减去 1mm。

3）测量方法如下：

① 使用量缸表，一只手拿住隔热套，另一只手托住管子下部靠近本体的地方。

② 如图 20-4 所示，将校对后的量缸表活动测杆在平行于曲轴轴线方向和与之垂直的方向等两方位，沿气缸轴线方向上、中、下取三个位置（截面），共测六个数值。上面一个位置一般定在活塞在上止点时，位于第一道活塞环气缸壁处，约距气缸上端 15mm。下面一个位置一般取在气缸套下端以上 10mm 左右处，该部位磨损最小。

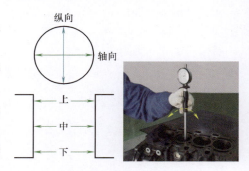

图 20-4　气缸的测量方法

③ 测量时，使量缸表的活动测杆同气缸轴线保持垂直，才能测量准确。当前后摆动量缸表表针指示到最小数字时，即表示活动测杆已垂直于气缸轴线。

4）计算气缸圆度和圆柱度。圆度误差是指同一截面上磨损的不均匀性，同一横截面上不同方向测得的最大直径与最小直径差值的一半就是圆度。计算出上述三个截面的圆度，然后取其中的最大值。其圆度误差值应保证在 0.05~0.06mm 之间。

圆柱度误差是指沿气缸轴线的轴向截面上磨损的不均匀性，用被测气缸表面任意方向所测得的最大直径与最小直径差值的一半作为圆柱度误差。

5）测量数值中，任意一项达到或超过限值，即应对该气缸套进行修理或更换。

6）对于气缸的圆度、圆柱度误差均小于限值，而磨损量小于 0.15mm 时，可直接进行更换新活塞、活塞环即可。

> **你学会了吗？**
>
> 1. 机体组主要由哪些部件组成？各部分起什么作用？
> 2. 怎样测量气缸的压缩压力？
> 3. 怎样拆卸气缸盖？
> 4. 怎样使用量缸表检查和测量气缸？

第 21 天　曲柄连杆机构

1. 了解曲柄连杆机构的作用和结构。
2. 掌握连杆轴瓦的选配方法。
3. 掌握活塞的选配和安装方法。
4. 掌握曲轴主轴承轴瓦的选配方法。

曲柄连杆机构是往复式内燃机中的动力传递系统。曲柄连杆机构是发动机实现工作循环、完成能量转换的主要运动部分。在做功行程中，它将燃料燃烧产生的热能推动活塞往复运动、由曲轴旋转运动转变为机械能，对外输出动力；在其他行程中，则依靠曲柄和飞轮的转动惯性、通过连杆带动活塞上下运动，为下一次做功创造条件。

曲柄连杆机构由机体组、活塞、活塞环、活塞销、连杆、曲轴、飞轮、扭转减振器等组成。大众 EA888 发动机的曲柄连杆机构如图 21-1 所示。

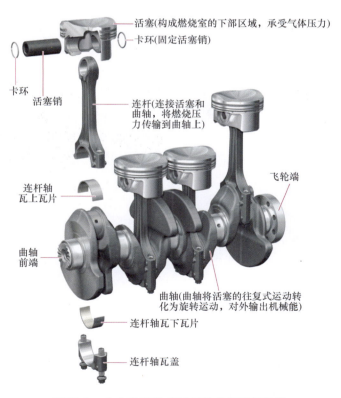

图 21-1　大众 EA888 发动机的曲柄连杆机构

 **实际操作**

一、连杆轴瓦的选配方法

连杆轴瓦是根据连杆轴颈直径等级和连杆大端直径等级来选择的，连杆轴瓦常用数字和颜色来表示尺寸级别。表 21-1 为东安 4G1 系列发动机的连杆轴瓦选用表。

表 21-1 4G1 系列发动机连杆轴瓦选用表

连杆轴颈级别	连杆级别	连杆瓦级别
1（最大）	1	1
	2	1
	3	2
2（中等）	1	1
	2	2
	3	3
3（最小）	1	2
	2	3
	3	3

（1）使用新的连杆和曲轴时

1）在表中选择连杆边上的一行标有等级印记的连杆大端直径（图 21-2a）。

2）在表中选择曲轴前的一列里标有等级印记的连杆轴颈直径（图 21-2b）。

注：4 个按顺序排列的数字或字母中的第一个为 1 缸连杆轴颈直径级别。

3）在连杆轴瓦选用表中选择行和列相交处的符号（连杆轴瓦尺寸级别）。

4）用连杆轴瓦等级表里的符号来选择连杆轴瓦。

（2）重复使用曲轴和连杆时

1）分别测量连杆大端直径和连杆轴颈直径。

a)　　　　　　b)

图 21-2 查看连杆大端和连杆轴颈级别

2）在连杆轴瓦选用表里面找到测量得到的尺寸。

3）在连杆轴瓦选用表里面选择行和列交叉点的符号（连杆轴瓦尺寸级别）。

4）用连杆轴瓦等级表里的符号来选择连杆轴瓦。

二、活塞的选配方法

活塞是根据气缸的缸径级别来确定的，气缸的缸径级别用数字或字母表示，一般位于缸体的后侧。缸径级别按气缸顺序排列，第一个数字或字母为 1 缸的缸径级别。

比亚迪 483QB 发动机活塞的选配方法如图 21-3 所示。活塞尺寸分为 A/B 两组，根据气缸体上的孔径组号选配。

项目	标准尺寸	使用限度尺寸
活塞裙部直径	$\Phi 83_{-0.036}^{-0.026}$ mm (A组)	$\Phi 82.92$ mm
	$\Phi 83_{-0.046}^{-0.036}$ mm (B组)	$\Phi 82.91$ mm
活塞与气缸配合间隙	0.036~0.055mm	0.15mm

图 21-3　气缸的缸径级别

三、活塞的安装方法

奇瑞瑞虎 5 车型 2.0L 发动机活塞的安装方法见表 21-2。

表 21-2　奇瑞瑞虎 5 车型 2.0L 发动机活塞的安装方法

步骤	安 装 方 法	图 示
1	将活塞销上及活塞销孔内涂上机油，将活塞与连杆用活塞销连接，装上活塞销卡簧	
2	装上活塞环。按下刮片、油环衬环、上刮片、第二道气环、第一道气环的顺序依次将各道环装在活塞上；装配各道气环时注意活塞环的方向，有"TOP"字样的向上 将两只刮片与衬环错开一定角度，衬环接口处尖角指向活塞顶部，第一道环、第二道环与上刮片互成120°或90°	
3	将连杆上轴瓦和连杆装在一起 **注意**：轴瓦上的缺口要和连杆上的缺口对齐	

(续)

步骤	安装方法	图 示
4	将发动机气缸内涂上发动机机油，用专用工具抱住活塞环，用木柄轻敲活塞头部，将活塞连杆总成装入 **注意**：连杆上有点的一方应朝向发动机的1缸方向，而且要和活塞顶面上的箭头方向一致	
5	将连杆下轴瓦和连杆盖装在一起，并在轴瓦内表面涂抹发动机机油 **注意**：轴瓦上的缺口要和连杆上的缺口对齐	
6	扣上连杆盖，拧紧螺栓 力矩：25N·m±3N·m，然后再拧90°±5°	

四、曲轴主轴承轴瓦的选配方法

曲轴主轴承是根据曲轴主轴颈直径等级和主轴承壳体等级来选择的，主轴承常用数字和颜色来表示尺寸级别。

1）查看缸体上的主轴承孔级别，在主轴承选择表中找到对应行。从图21-4a可以看出，缸体上标记有5个A，从左向右分别对应由曲轴前端开始的1~5号曲轴主轴承孔的尺寸级别。

2）在主轴承选用表中选择曲轴前的一列里标有等级印记的主销颈直径。可以通过图21-4b看到曲轴前端第一块平衡块上的标记（用字母A和B及阿拉伯数字1和2组

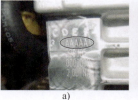

a)　　　　　　　　　　b)

图21-4　查看主轴承孔级别和主轴颈级别

成），第一个字母对应曲轴第一主销颈级别，第五个字母对应曲轴第五主销颈级别。

3）在主轴承选用表中选择行和列交叉点的符号（主轴承级别）。

4）用主轴承等级表里的符号来选择主轴承。

 你学会了吗？

1. 曲柄连杆机构起什么作用？由哪些部分组成？
2. 怎样选配连杆轴瓦和活塞？
3. 简述活塞的安装方法和步骤。
4. 曲轴主轴承轴瓦的选配方法是怎样的？

第 22 天　配气机构概述

 学习目标

1. 了解配气机构的作用和结构组成。
2. 了解配气机构的主要类型。

基础知识

一、配气机构的作用和组成

配气机构的作用是根据发动机工作次序和各缸工作循环的要求，定时开启和关闭进、排气门，在进气行程使可燃混合气（汽油发动机）或空气（柴油发动机）进入气缸，在排气行程将燃烧后的废气排出气缸。

配气机构通常由气门组和气门传动组两部分组成，如图 22-1 所示。

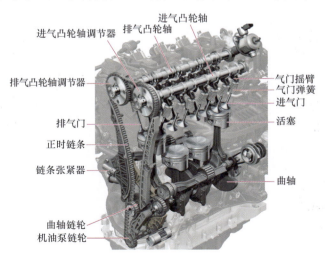

图 22-1　配气机构的组成

1）气门组：由进气门、排气门、气门导管、气门座及气门弹簧等零件组成。

2）气门传动组：由正时带或正时链条、凸轮轴、摇臂轴、摇臂、推杆、挺柱和正时齿轮等组成。

二、配气机构的主要类型

采用摇臂和调整螺钉的气门机构如图 22-2 所示，它是通过转动安装在摇臂上的调整螺钉来调整气门间隙的。

发动机工作时气门由凸轮轴通过挺柱和推杆驱动，当凸轮的凸起部分顶起挺柱时，挺柱推动推杆一起上行，作用于摇臂上的推动力驱使摇臂绕轴转动，摇臂的另一端压缩气门弹簧使气门下行，打开气门。随着凸轮轴的继续转动，当凸轮的凸起部分离开挺柱时，气门便在气门弹簧弹力的作用下上行，关闭气门。

在滚子摇臂式发动机中，气门是通过一个带有液压支撑元件（液压挺柱）的凸轮轴随动装置动作的，这样可以减少摩擦，减少驱动凸轮轴运动的功率损耗。液压支撑元件是滚柱式凸轮随动装置的支点，而摇臂相当于一个杠杆，凸轮接触到凸轮滚柱，并在摇臂下压的过程中就打开了气门。滚子摇臂式气门机构如图 22-3 所示。

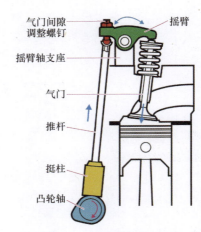

图 22-2 采用摇臂和调整螺钉的气门机构

采用双顶置凸轮轴（DOHC）的气门机构如图 22-4 所示。发动机的进气门和排气门分别布置在一侧，由两根凸轮轴驱动，易于实现可变气门正时。由于凸轮轴直接通过挺柱驱动气门，加之气门数较多，发动机的进气阻力减小，进气量增大，更容易实现高转速高功率输出。

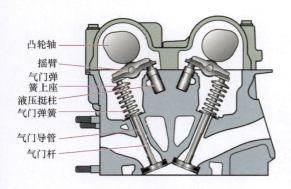

图 22-3 滚子摇臂式气门机构

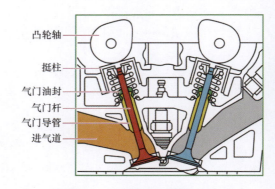

图 22-4 双顶置凸轮轴气门机构

你学会了吗？

1. 配气机构的作用是什么？由哪些部分组成？
2. 配气机构的主要类型有哪些？

第 23 天 配气机构的检修

1. 掌握发动机气门间隙的检查与调整方法。
2. 掌握发动机正时带和正时链条的更换方法。

一、气门间隙的检查/调整方法

（1）逐缸调整法

转动曲轴至 1 缸压缩终了，检查/调整 1 缸的进排气门间隙。然后摇转曲轴，按点火顺序使下一缸达到压缩终了，再检查/调整这一缸的进排气门间隙。依次类推，逐缸检查/调整完毕。例如，四缸机的检查/调整顺序为 1-3-4-2。

（2）两次调整法

在实际维修中，普遍采用两次调整法调整气门间隙。即第 1 缸压缩终了上止点时，调整所有气门的半数，再摇转曲轴一周，便可调整其余半数气门，两次即调整完毕。例如，四缸发动机第一次调整的气门如图 23-1a 所示，第二次调整的气门如图 23-1b 所示。

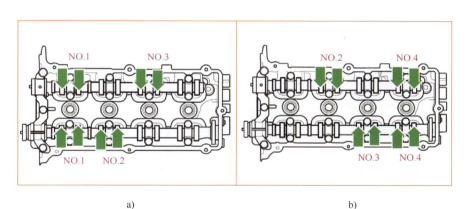

图 23-1 气门的两次调整法

二、摇臂式气门机构气门间隙的检查与调整

1）松开气缸盖罩紧固螺栓，取下气缸盖罩。
2）顺时针转动曲轴带轮，使曲轴带轮上的活塞上止点标记，对准正时齿轮室盖上标记。
3）测量气门 1#、2#、3#和 6#的气门间隙，同一组的可同时进行检查和调整。
4）如图 23-2 所示，在间隙中插入合适的塞尺，检查气门间隙是否合格。
5）转动曲轴一周，然后测量其他气门（4#、5#、7#和 8#）的间隙。

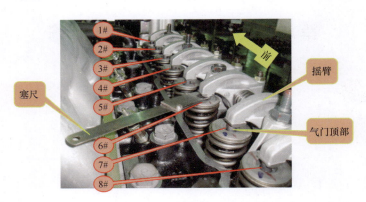

图 23-2 检查气门间隙

> **注意**
> ①发动机气门间隙必须在冷车状态下进行检查和调整;②检查前用钢榔头轻敲摇臂位置,消除挺杆与推杆间的间隙;③塞尺不能插入或插入后抽出无阻力,均可判定气门间隙不合格,必须进行调整;④汽油机的气门间隙一般是:进气门 0.15～0.25mm,排气门 0.25～0.35mm。

如图 23-3 所示,调整气门间隙的具体步骤为:先旋松锁紧螺母,用厚度符合规定间隙的塞尺插入气门顶部与摇臂之间,同时旋转调整螺钉。直至拉动塞尺感到稍有阻力,最后用锁紧螺母锁紧调整螺钉。锁紧时气门间隙不能发生变化。调整完成后,应再用塞尺复查一次,如有变化需重新调整。

图 23-3 调整气门间隙

三、顶置凸轮轴气门机构气门间隙的检查与调整

1)转动曲轴将 1 缸转到压缩上止点位置。将曲轴带轮正时标记和正时链条盖正时标记对准,以便使 1 缸的气门进气和排气同时关闭。

2)气门关闭时,测量凸轮和气门挺柱之间的间隙。在间隙中插入一个塞尺,并且在塞尺以最小的阻力被径直拉出时,阅读上面的厚度值。

3)拆下气门间隙超出标准值的气门挺柱。

4)使用外径千分尺测量拆下的气门挺柱的中间厚度 a,如图 23-4 所示。

5）使用以下公式计算要更换的气门挺柱厚度（新挺柱的厚度）。

$$T = T1 + (C1 - C2)$$

式中，T 为要更换的气门挺柱厚度；$T1$ 为拆下的气门挺柱厚度；$C1$ 为测量的气门间隙；$C2$ 为标准气门间隙。

6）气门挺柱编号位于图23-5中箭头位置。"350"表示气门挺柱厚度为3.50mm。

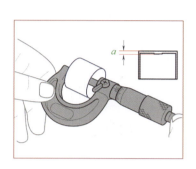

图23-4 测量拆下的气门挺柱度

图23-5 气门挺柱编号（厚度）

四、正时带的更换

随着发动机工作时间的增加，正时带会发生磨损或老化。因此，凡是装有正时带的发动机，都应定期更换正时带。别克凯越更换正时带的方法如下：

1）升起车辆，拆下靠近正时带一侧的车轮（一般是右前轮）。

2）再卸下同侧底盘上的护板以露出发动机外侧传动带。

3）拆下发动机附件传动带，如发电机传动带、压缩机传动带，如图23-6所示。

4）拆下体积较大的空气滤清器。

5）拆下正时带盖板（护板）后就露出了正时带，如图23-7和图23-8所示。

6）如图23-8所示，顺时针转动曲轴至1缸上止点，对齐正时标记。然后用专用工具卡住凸轮轴正时齿轮，防止其移位。

图23-6 拆下发动机附件传动带

图23-7 拆下正时带盖板

图23-8 对齐正时标记

7）释放正时带张紧力，拆下正时带张紧轮。

8）取下正时带，然后更换新的正时带。

9）取下正时带后最好不要单独转动凸轮轴或曲轴，否则，在更换正时带之前，一定要将正时齿轮上的正时标记对齐。

10）将正时带绕在各种"轮"上，按顺序安装。

11）安装正时带张紧轮，张紧正时带。

12）其他步骤按拆卸的相反顺序进行。

五、正时链条的更换

福特2.0L Ecoboost涡轮增压发动机正时链条的更换方法如下：

1）按图23-9所示顺序分阶段拧紧凸轮轴轴承螺栓。
力矩：第一步7N·m，第二步16N·m。

2）使用凸轮轴正时工具303-1504使凸轮轴正时对正，如图23-10所示。

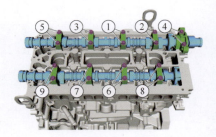

图23-9 拧紧凸轮轴轴承螺栓

3）如图23-11所示，用顶椎将链条张紧器固定在压缩位置，然后拧紧张紧器螺栓。

图23-10 安装凸轮轴正时工具

图23-11 安装链条张紧器

4）确保链轮上已安装新的摩擦垫片，如图23-12所示。

5）确保所有零件都安装在拆除前的标记位置上。用呆扳手固定凸轮轴以防止其转动，拧紧链轮固定螺栓（力矩：72N·m），如图23-13所示。

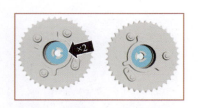

图23-12 安装摩擦垫片

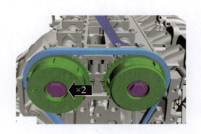

图23-13 拧紧链轮螺栓

6）按图23-14所示顺序拧紧正时端盖螺栓。

7）安装专用工具303-509，如图23-15所示。

8）安装 CKP 传感器，如图 23-16 所示。

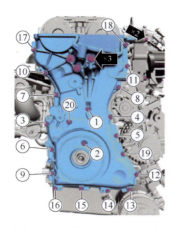

图 23-14　拧紧正时端盖螺栓

图 23-15　安装专用工具

9）安装 1、4 缸上止点对正专用工具 303-748，如图 23-17 所示。

图 23-16　安装 CKP 传感器

图 23-17　安装曲轴正时工具

10）慢慢顺时针旋转曲轴，直到曲轴被挡住。

11）安装曲轴正时链轮，正时链轮的正时位置是：CKP 传感器的磁头正对准正时链轮缺齿点位置后的第 20 个齿，如图 23-18 所示。

12）将 CKP 传感器的两个固定螺栓各松两圈。

13）安装专用工具 303-1521，对正后拧紧 CKP 的两个固定螺栓，如图 23-19 所示。

图 23-18　曲轴正时链轮正时位置

图 23-19　正确固定 CKP

你学会了吗?

1. 怎样检查和调整摇臂式气门机构的气门间隙?
2. 怎样检查和调整顶置凸轮轴气门机构的气门间隙?
3. 怎样更换发动机正时带?
4. 怎样更换发动机正时正时链条?

第 24 天　可变气门正时系统

 学习目标

1. 了解可变气门正时系统的作用和结构原理。
2. 学习 VVT-i 凸轮轴正时齿轮的检查方法。
3. 掌握 VVT-i 凸轮轴正时齿轮的拆卸方法。

 基础知识

可变气门正时技术（VVT）是近些年来应用于现代轿车电控发动机上的新技术。可变气门正时系统通过提前或延迟进气、排气凸轮轴正时，来改善发动机性能、输出转矩、怠速质量、燃油经济性和减少排放量。

如图 24-1 所示，VVT-i 系统由 VVT-i 控制器（正时相位调节器）、正时机油控制阀、ECM 和各种传感器组成。凸轮轴与正时调节器的叶片固定在一起，带有链轮的外壳则由正时链条带动。来自进气和排气凸轮轴的提前或延迟侧油道的机油压力使 VVT-i 控制器叶片沿圆周方向旋转，以持续改变进气门和排气门正时。发动机停止时，锁销将进气凸轮轴锁止至最大延迟端，排气凸轮轴锁止至最大提前端，以确保发动机起动正常。

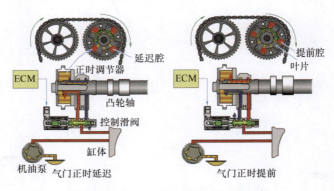

图 24-1　丰田 VVT-i 系统的工作原理

ECM 利用发动机转速、进气质量、节气门位置和水温计算适合各种行驶条件的最佳气门正时，并控制凸轮轴正时机油控制阀。此外，ECM 利用来自凸轮轴位置传感器和曲轴位置传感器的信号检测实际气门正时，从而提供反馈控制来获得目标气门正时。

实际操作

一、VVT-i 凸轮轴正时齿轮的检查方法

如图 24-2 所示，对于带 VVT-i 的凸轮轴正时齿轮，当发动机停止时，锁销将通过弹簧力锁住叶片和外壳；发动机起动时，油压将被施加到锁销并将其释放。为此，需要检查锁销的锁定与解锁动作。

对于一个锁销，将发动机机油压力施加在延迟侧便可解锁。检查时，可使用压缩空气代替发动机油压。检查方法如下：

1）将压缩空气同时施加在提前侧和延迟侧。将压缩空气同时施加到提前侧和延迟侧，可防止当锁销被释放时正时齿轮突然移动。

2）减少延迟侧的压缩空气，并将正时齿轮向提前侧移动。

3）当凸轮轴正时齿轮到达最提前的位置时，断开正时延迟侧空气压力，然后，断开正时提前侧空气压力。

4）锁销解锁后，保证正时齿轮能够用手使其在除最延迟端侧以外的任何位置平滑转动。

5）将正时齿轮转到最延迟侧，确保其锁定。

二、VVT-i 凸轮轴正时齿轮的拆卸方法

带 VVT-i 的凸轮轴正时齿轮的拆卸方法如下：

1）使用压缩空气对锁销解锁。

2）将正时齿轮转到最提前侧。

3）在台虎钳上垫上铝板将凸轮轴夹紧，如图 24-3 所示。

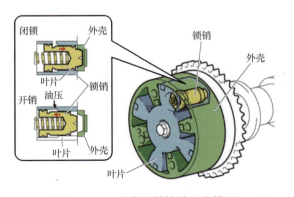

图 24-2 正时齿轮锁销的工作情况

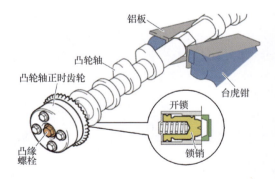

图 24-3 凸轮轴正时齿轮的拆卸方法

4）拆卸凸缘螺栓，以便拆卸正时齿轮。

注意

①如果凸缘螺栓在锁销仍然被锁定时拆卸，水平力便被施加在锁销上，从而可能损坏锁销；②仅拆卸凸缘螺栓，正时齿轮不能被拆卸。

你学会了吗？

1. 可变气门正时系统起什么作用？由哪些部件组成？
2. 怎样检查 VVT-i 凸轮轴正时齿轮？
3. 怎样拆卸 VVT-i 凸轮轴正时齿轮？

第 25 天　排气系统

学习目标

1. 了解发动机排气系统的功用与结构。
2. 掌握三元催化器的检查和清洗方法。
3. 掌握发动机排气管的拆装方法。

基础知识

排气系统的主要功用是将气缸体内燃烧产生的废气排出，并尽可能地处理有害排放物质，同时减小噪声。废气经过三元催化器催化转化后，大部分有害气体转化为无害气体，然后经过消声器，降低噪声，最后排放到大气。

大众 MPI 发动机的排气系统如图 25-1 所示。它主要由排气歧管、排气管、三元催化器、消声器、尾管等组成。排气歧管的作用是汇集各气缸的废气，消声器的作用是降低从排气管排出废气的温度和压力，以消除火星和噪声。通过两个阶跃式氧传感器实现混合气调节和催化器监控。

图 25-1　大众 MPI 发动机排气系统

实际操作

一、催化转化器的检查

如果怀疑排气系统存在过多的背压，则将 TWC（催化转化器）从车辆上拆下。使用手电筒 A 和塞子 B 目视检查催化剂的堵塞、溶解或裂化状态，如图 25-2 所示。如果有任何可视部位损坏或堵塞，更换 TWC。

二、三元催化器的清洗

发动机加速不良或动力性不足进行维修时，应首先检查发动机部分。确定发动机无问题，再考虑三元催化器堵塞的可能性。三元催化器堵塞主要原因为燃油成分中锰含量或其他添加剂含量过多，在燃烧排放过程中堆积在催化器内部。三元催化器的清洗方法如下：

1）拆卸排气岐管总成，必须将氧传感拆下。
2）准备大口杯和注射器，用来盛放、注入清洁液。
3）务必戴上防护眼镜和手套，防止被盐酸溶液烧伤。
4）将盐酸溶液 300mL 倒入大口杯中，溶液浓度约为 11%。

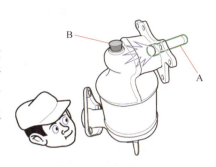

图 25-2　检查催化转化器

提示

一般市面上销售的盐酸浓度为 38%，因此要把 38% 浓度盐酸稀释成 11%，则要按 1:4（盐酸 1L、水 4L）混合使用。

5）如图 25-3 所示，使用注射器，缓慢平稳地将盐酸溶液注入排气歧管的开口，三元催化器后边的凸缘和氧传感器支架开口，保持注入大约 10min。

注意

排气歧管保持垂直位置，以便于清洁剂和清水的注入。

6）如图 25-4 所示，将清水缓慢注入排气歧管的开口，三元催化器后边的凸缘和氧传感器支架开口，注入时间要持续 5min 以上，直到红褐色的含锰液体不再流出为止。

图 25-3　注入盐酸溶液

图 25-4　注入清水清洗

三、排气管的拆装

汽车三段式排气管的拆装方法如下：
1）拆卸排气尾管总成。步骤如下：
① 拆卸连接排气尾管和中央排气管的 2 个螺母和排气尾管总成。
② 从中央排气管上拆卸垫片。

2）拆卸中央排气管总成，如图 25-5 所示。步骤如下：
① 拆卸连接中央排气管和前排气管的 2 个螺栓、2 个螺母和中央排气管总成。
② 从前排气管上拆卸垫片。
3）拆下氧传感器或断开其电气插件。
4）拆卸前排气管总成，如图 25-6 所示。步骤如下：
① 拆卸连接前排气管的螺母、前排气管支撑托架和前排气管总成。
② 从前排气管上拆卸垫片。

图 25-5　拆卸中央排气管

图 25-6　拆卸前排气管

5）安装。按照与拆卸相反的顺序进行安装。

你学会了吗？

1. 排气系统起什么作用？由哪些部分组成？
2. 怎样检查和清洗三元催化器？
3. 怎样拆装发动机排气管？

第 26 天　涡轮增压系统

学习目标

1. 了解涡轮增压系统的作用和工作原理。
2. 了解涡轮增压器的常见故障。
3. 学习增压器异响故障的检修方法。

基础知识

涡轮增压器是利用排气的能量来压缩进气，并将高密度的混合气送入燃烧室来增加产出功率的装置。采用涡轮增压的车尾部常有"T"的标志，如"1.5T"，表示该车采用了排量为 1.5L 的涡轮增压发动机。涡轮增压系统的结构如图 26-1 所示，它利用发动机排出的废气惯性冲力来推动涡轮室内的涡轮，涡轮又带动同轴（全浮式）的叶轮，叶轮压送由空气滤清器管道送来的空气，使之增压进入气缸。

增压系统由增压和冷却两部分组成，增压和冷却的主要部件分别为增压器、中冷器。中冷器是一种叶片式的散热器。由于增压器本身温度较高，并且空气经压缩后温度也会提高，空气过热后会膨胀，影响充气效率，因此需要中冷器对空气进行冷却。

当发动机转速较高时，涡轮机产生的增压压力过大。带旁通阀的废气涡轮增压器可以通过旁通阀打开旁通通道，使一部分废气不进入涡轮机，而是通过旁通阀直接进入排气管。

在滑行模式下，因节气门突然关闭，增压压力使压缩机壳体内产生冲压压力。这个冲压压力使增压器的叶轮迅速减速，

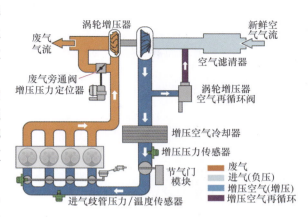

图 26-1　涡轮增压系统的结构

从而导致增压压力降低。为避免这种情况，空气再循环阀将一个旁通通道打开，使压缩后的空气重新回到压缩机抽吸侧。这样涡轮就会以相应转速运行而不会被制动。

一、涡轮增压器的常见故障

涡轮增压器损坏的主要原因包括：润滑系统的问题、外来物体的影响、工作温度过高、使用和保养不正确等。

1）使用不清洁润滑油。不清洁润滑油进入增压器会导致转轴、轴承、轴承座圈的磨损，并破坏转子的动平衡，最后造成增压器损坏。杂质造成了轴承座孔和涡轮轴的磨损。

2）润滑油不足。增压器润滑油有润滑和冷却功能，润滑油不足，首先影响的是冷却功能，导致增压器过热，烧坏转轴、轴承等，并破坏转子动平衡，最后导致增压器的损坏。如图 26-2 所示，润滑油不足使涡轮轴冷却不良而烧蚀。

3）机油老化导致增压器损坏。如图 26-3 和图 26-4 所示，因机油老化结胶，使增压器的油路堵塞，老化的机油与涡轮轴粘在一起，最后导致增压器运转阻力大，甚至卡死。

图 26-2　涡轮轴烧蚀

图 26-3　增压器油路堵塞

图 26-4　机油与涡轮轴粘黏

4)使用劣质或变质的润滑油。由于润滑油质量问题,增压器涡轮轴出现了较大的磨损。

5)叶轮端面被异物损坏。这是由于异物从进气管或空滤器进入增压器壳造成的。

二、增压器异响的检修(GW2.8TC 发动机)

首先判定异响声音为气流声音还是增压器发出的异响。如为气流声音,则检查增压器与进气、排气的密封性,如确定为密封性差,可重新装配。

对于增压器本身异响的,检查增压器外观是否完好、转子转动是否灵活、叶片有无擦壳现象,按照如下方法检查增压器叶轮轴向间隙及转子轴际间隙是否超过极限值:

1)检查增压器叶轮轴向间隙的方法。使用千分表测量叶轮轴向间隙,在压气机叶轮端和涡轮叶轮端交替施加 0.12N 的力,标准间隙值在 0.06~0.09mm 之间,极限值为 0.11mm,如轴向间隙超过极限值,可判定增压器损坏。

2)检查增压器叶轮轴与轴承间隙的方法。安装好千分表,同时上下拨动叶轮及涡轮,测量间隙值,标准间隙值在 0.11~0.18mm 之间,极限值为 0.215mm,如间隙值超过极限值,可判定增压器损坏。

你学会了吗?

1. 涡轮增压系统起什么作用?它是怎样工作的?
2. 涡轮增压器的常见故障有哪些?怎样避免?
3. 怎样检修增压器异响故障?

第 27 天 排气再循环系统

学习目标

1. 了解排气再循环系统的作用和工作原理。
2. 掌握 EGR 系统故障的检查方法。

基础知识

排气再循环(EGR)系统,是针对有害气体(NO_x 等)设置的排气净化装置。它将一部分排气如 CO_2 气体导入进气管,与新鲜空气混合后进入气缸燃烧,以增加混合气的热容量,降低燃烧时的最高温度,抑制 NO_x 等的生成。

电子控制的排气再循环系统如图 27-1 所示。真空调节器受 ECU 的控制,ECU 根据当前发动机转速、水温、进气质量、发动机负荷等因素计算出当前所需的 EGR 阀开度,通过改变真空调节器电磁阀的通电占空比,调节由真空泵产生的真空。真空作用在 EGR 阀的膜片阀上时,EGR 阀开启,部分废气从排气门经排气再循环通道进入进气歧管,进行排气再循环。EGR 阀一旦关闭,排气再循环随即终止。

为保证发动机正常工作和性能不受过多影响,必须根据发动机工况的变化控制排气再循

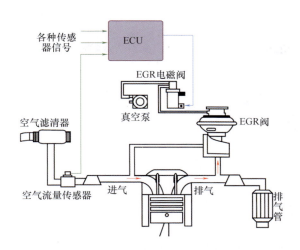

图 27-1 排气再循环控制系统

环量,即根据发动机的进气温度及负荷控制进入进气歧管的排气量。

1) 当发动机水温较低或处于怠速及小负荷运转时,NO_x 的生成量少,为了保持发动机运转的稳定性,不进行排气再循环。

2) 发动机已达到正常工作温度,而且处于大负荷运转工况时,NO_x 的生成量较多,此时,应引入排气,并随发动机负荷的增大相应地增加引入的排气量。

3) 在全负荷或高转速下工作时,为了使发动机有足够的动力,不进行排气再循环。

 **实际操作**

一、EGR 控制系统的检查

1) 检查真空软管有无破损,以及接头处有无松动、漏气等。

2) 起动发动机,使发动机怠速运转。在冷车状态下踩下加速踏板,使发动机转速上升至 2000r/min 左右,此时手指上应感觉不到 EGR 阀膜片动作(EGR 阀不工作)。在发动机热车(水温高于 80℃)后再踩下加速踏板,使发动机转速上升至 2000r/min 左右,此时手指应能感觉到 EGR 阀膜片的动作(EGR 阀开启)。

3) 把手动真空泵连接到 EGR 阀上,在怠速运转时施加 30kPa 或以上的真空度,检查发动机是否会熄火或怠速不稳。

二、EGR 电磁阀的检查

1) 测量电磁阀电磁线圈的电阻,一般为 20 ~ 50Ω。

2) 拔下与 EGR 电磁阀相连的各真空软管,从发动机上拆下 EGR 电磁阀。如图 27-2 所示,在 EGR 电磁阀的电磁线圈不通电和通电时分别检查各管口之间是否通气。

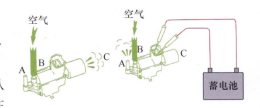

图 27-2 EGR 电磁阀的检查方法
A—真空管路 B—通往 EGR 阀 C—通大气压力

三、EGR 阀的检查

如图 27-3 所示,用手动真空泵给 EGR 阀膜片上方施加约 25kPa 的真空度,EGR 阀应能开启,不施加真空度,EGR 阀应能完全关闭。

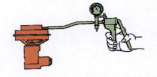

图 27-3　EGR 阀的检查方法

你学会了吗?

1. 排气再循环系统起什么作用,其工作原理是怎样的?
2. 怎样检查 EGR 控制系统?
3. 怎样检查 EGR 电磁阀和 EGR 阀?

第 28 天　曲轴箱通风系统

学习目标

1. 了解曲轴箱通风系统的作用和工作原理。
2. 掌握 PCV 阀的检查方法。
3. 了解曲轴箱通风不良的原因及检修方法。
4. 了解曲轴箱通风的定期维护内容。

基础知识

发动机工作时,总有部分可燃混合气和废气经活塞环由气缸窜入曲轴箱;低温运行时,还会有液态燃油漏入曲轴箱。这将加速机油变质,使机件腐蚀或锈蚀。

长安 JL474 发动机的曲轴箱通风系统如图 28-1 所示。该系统把曲轴箱内未完全燃烧的油蒸气再次引入进气歧管,返回燃烧室烧掉。这样既可以减少曲轴箱污染物排放,又可提高发动机的燃油经济性。

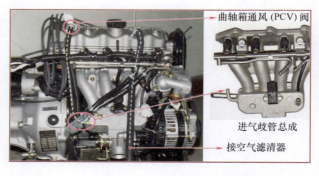

图 28-1　长安 JL474 发动机的曲轴箱通风系统

曲轴箱通风系统的工作原理如图 28-2 所示。

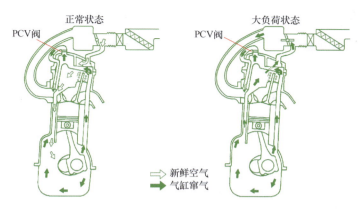

图 28-2 曲轴箱通风系统的工作原理

1）在发动机节气门部分开启时，进气歧管通过 PCV（曲轴箱强制通风）阀吸入曲轴箱窜气。正常情况下，PCV 阀的通气量足够完全吸入曲轴箱窜气和少量通风空气。通风空气从进气管吸入曲轴箱。在这个过程中，空气流过进气管与摇臂室盖的连接软管。

2）在节气门全开时，进气歧管的真空度不足以打开 PCV 阀并吸入曲轴箱窜气，气流将按相反的方向流过连接软管。

PCV 阀就是在进气歧管真空度的作用下，通过改变自身的开度，控制进入进气歧管的排气量，从而控制曲轴箱的压力，使其保持在微负压范围内。

一、PCV 阀的检查

曲轴箱通风系统堵塞后，曲轴箱正压增大，容易导致油封脱落或漏油，机油被燃油稀释变质。曲轴箱强制通风（PCV）阀的检查方法如下：当发动机怠速运转时，从气门室罩上拆下 PCV 阀；工作正常的阀在气流经过时会产生"嘶嘶"的噪声；当手指放在阀入口处时，会立刻感觉到很强的真空吸力，如图 28-3 所示。

PCV 阀的简单测试方法如下：

1）拆下 PCV 阀，在连接软管端用嘴吹气不通，吸气通；在该端用细铁丝压缩内部弹簧，伸缩自如，如图 28-4 所示。

2）用手摇晃该阀，能听到内部"咔哒"的声音。

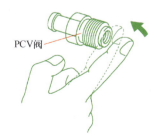

图 28-3 PCV 阀的检查方法　　　　图 28-4 PCV 阀的简单测试

二、曲轴箱通风不良的原因及检修

1）单向阀堵塞发动机怠速时靠阀端小孔通风，堵塞后怠速时通风系统失去作用，应定期维护清洗，保证随时畅通。

2）弹簧弹力失效。工作中单向阀不能开启，通风面积不适合发动机工况需要，应予更新。

3）单向阀装反或漏装。通风装置失去作用，从而影响进气管内的混合气空燃比，而使发动机工作不正常（尤其是无怠速），甚至造成从加机油口等处向外喷出油气，以及有关结合部位渗油。

4）安装不妥。维护修理时如将曲轴箱通风装置后挺杆室盖弯管接头上的密封垫圈漏装或将位置装错，会导致弯管接头尾端与挡油板距离太近，甚至接触而引起堵塞，造成曲轴箱通风系统工作失效。遇此情况应拆检修复。

三、曲轴箱通风的定期维护

1）定期检查各通气管道，尤其是抽气管的连接是否牢靠，有无漏气或堵塞。发动机怠速运转时，用肥皂水涂抹于各接合处，观察是否有漏气之处。

2）检查单向阀是否处于良好的技术状况（尤其察看单向阀是否发卡、漏气和堵塞），必要时清除积炭，清洗疏通。

3）机油加注筒上的小空气滤清器要适时清洗维护，清除油胶和尘污，不得使用布团等物堵塞而影响曲轴箱的空气对流。

4）定期维护发动机空气滤清器，对于封闭式 PCV 系统，要确保空气滤清器内的 PCV 滤清器畅通无阻，使其经常处于良好的工作状态。

你学会了吗？

1. 曲轴箱通风系统有什么作用？它是怎样工作的？
2. 怎样检查 PCV 阀的工作情况？
3. 曲轴箱通风不良的原因有哪些？怎样检修？
4. 曲轴箱通风系统的定期维护内容有哪些？

第 29 天　燃油蒸发排放系统

学习目标

1. 了解燃油蒸发排放（EVAP）系统的作用、结构与工作原理。
2. 学习 EVAP 活性炭罐的拆卸方法。
3. 掌握 EVAP 炭罐净化阀的检查方法。

基础知识

当燃油受热时，燃油箱中生成的燃油蒸气储存在燃油箱中。燃油蒸发排放（EVAP）系统通过吸收来自燃油箱的燃油蒸气，减少排出释放到大气中的碳氢化合物的含量。

活性炭罐内有活性炭，能吸附燃油蒸气，将燃油蒸气暂时存储在炭罐中。当发动机运转时，燃油蒸发排放系统将燃油箱中的气体导向进气管道，接着在发动机的燃烧室内进行燃烧。炭罐电磁阀是由发动机 ECU 进行监控的，并且调节着活性炭过滤器中流过电磁阀门的气体流量。燃油蒸发排放系统的结构如图 29-1 所示。

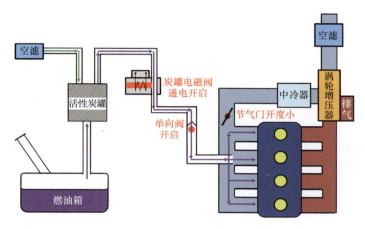

图 29-1　燃油蒸发排放系统示意图

一、活性炭罐的拆卸方法

奇瑞瑞虎 7 车型的活性炭罐的拆卸方法如下：

1）用卡箍钳松开将活性炭罐总成与通气管连接的弹性卡箍，拔出通气管，如图 29-2 所示。

2）用卡箍钳松开弹性卡箍，拔出燃油蒸气管 a 和燃油蒸气管 b，如图 29-3 所示。

3）用 10# 套筒拆下活性炭罐螺栓、活性炭罐总成，如图 29-4 所示。

图 29-2　拔出通气管

图 29-3　拔出燃油蒸气管

图 29-4　拆下活性炭罐

二、丰田 1AR-FE 发动机炭罐净化阀的检查

1）如图 29-5 所示，测量 EVAP 炭罐净化阀的电阻，常温下应为 23～26Ω。如果结果不符合规定，则更换炭罐净化阀。

2）检查净化阀的工作情况。方法如下：

① 净化阀未通电时，检查并确认空气不能从端口 E 流到端口 F，如图 29-6 所示。
② 向端子 1 和 2 施加蓄电池电压，检查并确认空气能从端口 E 流到端口 F，如图 29-7 所示。

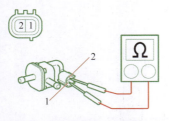 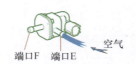 

图 29-5　测量净化阀的电阻　　　图 29-6　净化阀未通电时　　　图 29-7　净化阀通电时

3）如果结果不符合规定，则更换炭罐净化阀。

 你学会了吗？

1. 燃油蒸发排放（EVAP）系统通过吸收来自燃油箱的_____，减少排出到大气中的_____的含量。
2. EVAP 系统的控制原理是怎样的？
3. 怎样拆卸 EVAP 活性炭罐？
4. 怎样检查 EVAP 炭罐净化阀？

第 30 天　燃油供给系统

学习目标

1. 了解燃油供给系统的功用、组成和工作原理。
2. 学习燃油泵总成的更换方法。
3. 掌握燃油供给系统的检测方法。

 基础知识

发动机通过释放存储在燃油内的能量获得驱动车辆的动力，燃油供给系统的作用是向发动机及时供给各种工况下所需要的燃油量。如图 30-1 所示，燃油供给系统一般由燃油箱、电动燃油泵、输油管、燃油滤清器、燃油压力调节器、燃油导轨和喷油器等组成。

燃油供油系统的工作原理是：燃油泵从燃油箱中抽出燃油，经过燃油滤清器过滤后输送至燃油导轨；喷油器安装在发动机和导轨之间，由发动机 ECU 驱动其定时定量喷射雾状燃油，与空气混合后进入气缸进行燃烧；调压器用来调节燃油压力，多余的燃油从回油管返回至燃油箱。

如图 30-2 所示，喷油器电磁线圈引出两根线，一根是电源，在打开点火开关（SW）后供给 12V 电压；另一根由发动机 ECU 控制。当喷油器需要打开喷油时，ECU 控制此线搭铁，电磁线圈内有电流通过，喷油器开始喷油，断开时停止喷射。每次 ECU 控制喷油器通电的时间被称为喷油脉宽，喷油器的喷油脉宽通常在 2～10ms 内。

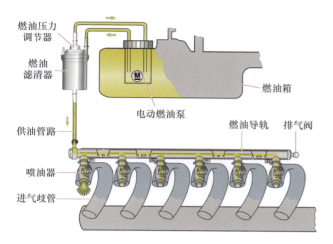

图 30-1　燃油供给系统

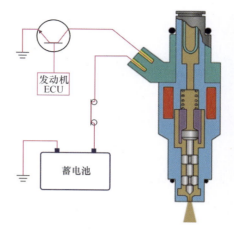

图 30-2　喷油器喷油控制示意图

一、电动燃油泵的更换

更换电动燃油泵的步骤如下：
1）释放燃油系统压力。
2）关闭所有电气设备和点火开关。
3）断开蓄电池负极电缆。
4）打开燃油箱盖并排出燃油箱中的燃油蒸气。
5）拆下或翻转后排座椅坐垫。
6）使用缠有保护胶带的螺钉旋具撬开燃油泵保护盖，如图 30-3 所示。
7）断开电动燃油泵线束插接器，如图 30-4 所示。
8）断开电动燃油泵与供油管和回油管的连接插头。
9）如图 30-5 所示，使用燃油泵压盖拆卸工具拆下燃油泵压盖。

图 30-3　撬开燃油泵保护盖

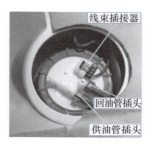

图 30-4　断开线束插接器和油管插头

10）从燃油箱内取出电动燃油泵总成。

> **提示**
>
> 可将电动燃油泵总成放在器皿内拿出车厢,避免泵中的燃油滴落在车厢内。

11)按照与拆卸相反的顺序安装电动燃油泵总成。

> **注 意**
>
> 燃油泵装入燃油箱总成口时,不要接触燃油泵传感器的浮子杆,更不允许将其碰撞变形,应小心地将浮子杆组件先装进燃油箱上的油泵安装口内,电动燃油泵总成的安装箭头与燃油箱上的安装箭头对齐。

二、燃油供给系统的检测

1. 燃油系统压力的释放

汽油喷射发动机为便于再次起动,在发动机熄火后,燃油系统内仍保持有较高的残余压力。在拆卸燃油系统内任何元件时,都必须先释放燃油系统压力,以免系统内的燃油喷出,造成人身伤害或火灾。燃油系统压力卸除的方法如下:

1)关闭点火开关。
2)拆卸燃油泵继电器或熔丝,也可拔下燃油泵导线插头。
3)起动发动机,使其处于怠速状态。由于管路中燃油压力下降,发动机运行不久后将会自动停止。
4)再次起动发动机 2~3 次,利用起动喷射卸除油管中残余压力。
5)关闭点火开关,装上燃油泵继电器或熔丝或电动燃油泵导线插头。
6)使用诊断仪删除与燃油泵系统相关的故障代码(DTC)。

> **注 意**
>
> 在执行"释放燃油管路内剩余压力"操作后,可能仍然有剩余的压力,分离任何燃油连接点时用毛巾盖住软管连接处,防止剩余的燃油溢出。

2. 燃油压力的检测

通过检测燃油系统压力,可诊断燃油系统是否有故障,进而根据检测结果确定故障性质和部位。检测时需用专用油压表和管接头,检测方法如下:

1)释放燃油管路内的剩余压力。
2)安装汽车专用汽油压力表。压力表一般安装于汽油滤清器的出油口或燃油分配管的进油口处,带测压口的车辆可将燃油压力表连接至测压口处。
3)将点火开关转到 ON 位置,检查燃油是否泄漏。
4)起动发动机,检查燃油是否泄漏。
5)读取燃油压力表上的读数。怠速时读数一般为 0.25MPa(250kPa)或符合车型技术规定。
6)检测怠速工作压力时,拔下真空管时油压应上升至 0.3MPa,如图 30-5 所示。否则,应更换油压调节器。

7）停止发动机,检查燃油压力表读数的变化。发动机停止后 5min 内读数应不变。

3. 喷油器的检测

1）急速下,用听诊器听喷油器工作时的动作声音是否异常（滴答声）。

2）如图 30-6 所示,拔下喷油器插头,把数字万用表打到欧姆档,两表笔分别接喷油器 1 号和 2 号针脚。20℃时,两针脚之间的电阻一般为 11～16Ω。

图 30-5 拔下真空管时的燃油压力

图 30-6 测量喷油器电阻

3）拆下喷油器,检查喷孔周围和阀座表面有无汽油胶质,有则彻底清洗喷油器。

你学会了吗?

1. 燃油供给系统由哪些部件组成？它是怎样工作的？
2. 怎样更换燃油箱中的电动燃油泵？
3. 怎样释放燃油系统压力？怎样检查燃油系统压力？
4. 怎样检查喷油器是否工作正常？

第 31 天 冷 却 系 统

学习目标

1. 了解冷却系统的作用、结构和工作原理。
2. 学会更换发动机冷却液。
3. 掌握冷却系统的检修方法。

基础知识

冷却系统的作用是使发动机在任何工况下,高温机件都能得到适度的冷却,使发动机始终在最适宜的温度范围（80～90℃）内工作。

汽车发动机通常采用强制循环水冷系统,即利用水泵强制冷却液在发动机中循环流动。冷却系统的结构如图 31-1 所示,冷却系统主要由水泵、散热器、冷却风扇、膨胀水箱、节温器、发动机机体和气缸盖中的水套以及附属装置等组成。

水泵将冷却液从气缸体外吸入并加压,使之经进水管流入发动机缸体水套。在此冷却液从气缸壁吸收热量,水温升高,继而流到气缸盖的水套,继续吸收热量,受热升温后的冷却

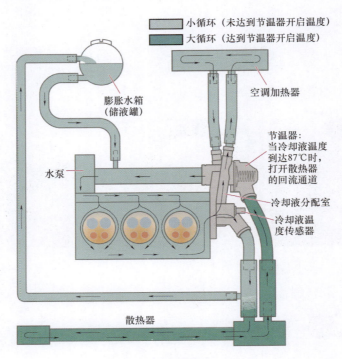

图 31-1 冷却系统的结构

液经过出水阀座沿出水管流到散热器内。汽车在行驶时，外部气流由前向后高速从散热器中通过；散热器后部还有风扇的强力抽吸。受热后的冷却液在自上到下流经散热器的过程中，其热量不断散失到大气中去，从而得到了冷却。

节温器是控制冷却液流动路径及流量的阀门，通常安装在发动机进水口（与散热器出水软管连接）处，其为蜡式节温器，能够根据水温自动调节发动机冷却液的流经及流量大小，从而形成冷却系统的大、小循环。

一、发动机冷却液的更换

1. 排空发动机冷却液

为避免烫伤，在发动机和散热器仍然很烫时不要拆下散热器加水口盖。热膨胀会导致热的发动机冷却液和蒸汽从散热器中溢出。

1）将冷暖风开关拨至"暖风"位置，将暖气阀全开。
2）拧下散热器加水口盖，如图 31-2 所示。
3）打开散热器下方的放水开关，排空发动机冷却液，如图 31-3 所示。

2. 加注发动机冷却液

1）拧紧散热器放水开关，并将冷却液注入散热器直至其溢出。冷却液加注量一般为 4~5L。

图 31-2　拧下散热器盖　　　图 31-3　打开散热器放水开关

> **提示**
> 用手将散热器进水管和出水管按压几次。如果冷却液液位降低，则继续加注冷却液。

2）拧紧散热器加水口盖。
3）将发动机冷却液注入储液罐直至液位到达满液位线。
4）使发动机暖机直至节温器阀门打开。

> **提示**
> 暖机时用手按压散热器进水和出水管数次。

5）关闭发动机并等待直至冷却液冷却。
6）然后拆下散热器加水口盖并检查冷却液液位。
7）如果液位降低，则再次执行 1）~7）的步骤。
8）如果液位没有降低，则加注发动机冷却液以调整储液罐冷却液液位。

二、检查冷却系统是否泄漏

1）将冷却液加注到散热器中，并连接散热器盖检测仪，如图 31-4 所示。
2）使发动机暖机。
3）将其泵压至 137kPa，检查并确认压力不下降。
4）如果压力下降，则检查水管、散热器和水泵是否泄漏。如果外部无液体泄漏的迹象，则检查加热器芯、气缸体和气缸盖。

图 31-4　连接散热器盖检测仪

三、检查冷却风扇工作情况

1. 检查冷却风扇低温时的工作情况（低于 83℃）

1）将点火开关置于 ON 位置。
2）检查并确认冷却风扇停止。如果未停止，检查冷却风扇继电器和发动机冷却液温度传感器。检查两者之间是否断开或断路。
3）断开发动机冷却液温度传感器插接器。

4）检查并确认冷却风扇转动。如果未转动，检查熔断器、冷却风扇继电器、ECM 和冷却风扇。检查冷却风扇继电器和发动机冷却液温度传感器之间是否短路。

5）重新连接发动机冷却液温度传感器插接器。

2. 检查冷却风扇高温时的工作情况（高于 93℃）

1）起动发动机，并将冷却液温度增加至 93℃ 以上。

发动机冷却液温度传感器在出水口处检测冷却液温度。

2）检查并确认冷却风扇转动。如果未转动，则更换发动机冷却液温度传感器。

1. 冷却系统的作用是什么？汽车发动机常采用哪种冷却方式？
2. 冷却系统由哪些部件组成？它是怎样工作的？
3. 怎样更换发动机冷却液？
4. 怎样检查发动机冷却系统？

第 32 天　润 滑 系 统

1. 了解发动机润滑系统的功用、结构和工作原理。
2. 掌握发动机机油的检查方法。
3. 掌握发动机机油的更换方法。

润滑系统的功用就是在发动机工作时连续不断地把充足的洁净机油输送到各传动件的摩擦表面，并在摩擦表面之间形成油膜，实现液体摩擦，从而减小摩擦阻力、降低功率消耗、减轻机件磨损，以达到提高发动机工作可靠性和耐久性的目的。

如图 32-1 所示，润滑系统由油底壳、集滤器、机油泵、机油滤清器、油管和发动机机体上加工出的油道等组成。润滑系统起着润滑、冷却、清洗、密封和防锈的作用。

发动机润滑油储存在油底壳中。发动机曲轴旋转时，通过机油泵驱动链条带动机油泵工作。润滑油经集滤器过滤后被吸入机油泵，机油泵上安装有限压阀，用来限制机油压力。机

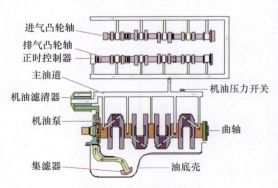

图 32-1　润滑系统的组成

油泵泵送出有压力的机油,由机油滤清器过滤后进入主油道,主油道的机油大部分用来滑润曲轴主轴颈和连杆轴颈,一部分进入凸轮轴润滑油道,一小部分输送至链条张紧器、链条机油喷嘴,有的进入正时控制器用来控制凸轮轴的提前或推迟转动。机油发挥润滑等各种作用后,回流至油底壳。

一、发动机机油油位的检查

1)将车辆停在水平地面上,并起动发动机。发动机无负载(置于空档)时,转速保持在3000r/min,直至散热器风扇打开,然后关闭发动机,等待约3min。

2)拆下并擦净油尺,然后重新安装油尺。

3)拆下油尺并检查发动机机油油位。如图32-2所示,油位应该在上标记(MAX)和下标记(MIN)之间。

4)如果发动机机油油位接近或低于下标记,需要添加发动机机油,使其位于上、下标记之间。

图32-2 检查发动机机油油位

二、发动机机油的更换

要正确地保养发动机,延长发动机使用寿命,应定期(一般每5000km或6个月更换)更换发动机机油。具体操作方法如下:

1)起动发动机并暖机,检查发动机舱内是否有机油泄漏。

2)关闭发动机并等待10min,使机油回流到油底壳。

3)松开加油口盖,然后拆下放油塞,排放发动机机油,如图32-3所示。使用回收容器盛接旧机油。

4)放净机油后,最好更换机油滤清器。

5)安装带有新垫圈的放油塞并拧紧。安装前,先在新垫圈上涂抹一些机油。

6)加注新机油,一般加注一桶(4L),如图32-4所示。

7)暖机,并检查放油塞和机油滤清器周围是否有机油泄漏。

8)关闭发动机并等待10min。

9)检查机油液面高度是否在正常范围内,如不够再添加一些。

图32-3 放出机油　　　　图32-4 加注新机油

你学会了吗？

1. 发动机润滑系统的作用是什么？
2. 润滑系统由哪些部件组成？它是怎样工作的？
3. 怎样更换发动机润滑油？
4. 怎样测量发动机的机油压力？

第33天　点火系统

学习目标

1. 了解发动机点火系统的作用、组成和工作原理。
2. 掌握火花塞跳火试验方法。
3. 掌握火花塞的检查和更换方法。

基础知识

汽油发动机气缸中的可燃混合气是靠电火花点燃的。因此，在汽油机的气缸盖上装有火花塞，火花塞头部伸入燃烧室内，在压缩上止点前点燃混合气。能够按时在火花塞电极间产生电火花的全部设备称为点火系。现代发动机的点火系统通常由蓄电池、ECU、点火模块、点火高压线、点火线圈和火花塞等组成，如图33-1所示。

电控发动机点火系统的结构如图33-2所示。发动机 ECU 主要根据曲轴位置传感器信号和凸轮轴位置传感器信号确定基本点火时刻，然后根据其他传感器（如空气流量计、节气门位置传感器）参数来修正点火提前角，以实现精确点火。点火系统的点火线圈相当于一个小型升压器，其作用是把车上的低压电转变为上万伏或数万伏的高压电，然后在火花塞上实现跳火，点燃气缸里的可燃混合气体。四缸发动机的点火顺序是1-3-4-2。

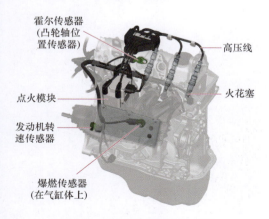

图33-1　点火系统的组成部件

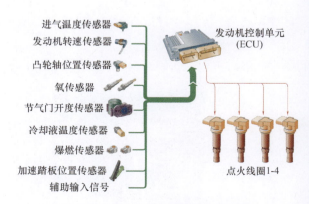

图33-2　电控发动机点火系统的结构

 **实际操作**

一、火花塞跳火试验

火花塞跳火试验常用于检验发动机点火系统工作是否正常。具体操作方法如下：
1）拆卸点火线圈。
2）分离喷油器插接器，以免检查时喷射燃油。
3）使用火花塞套筒拆卸火花塞。
4）安装火花塞到点火线圈上。
5）火花塞搭铁到发动机上。
6）起动发动机时，检查火花塞跳火情况，如图33-3所示。发动机起动时间最好不要超过5s。
7）检查所有火花塞的跳火情况。

如果火花较弱或无火花，则用功能完好的点火线圈进行同样的检查。如果使用功能完好的点火线圈进行检查时火花较强，说明是点火线圈存在问题，更换新的点火线圈。如果使用新的点火线圈进行检查也没有火花，则可能是点火电路故障，要检查点火电路。

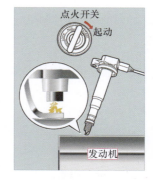

图33-3 检查火花塞跳火情况

二、火花塞的更换

在车辆行驶了30000～40000km后应更换火花塞，更换方法如下：
1）拆卸气缸盖罩固定螺栓，取下点火线圈装饰盖。
2）脱开点火线圈插接器，如图33-4所示。
3）拔出点火线圈。
4）用长套筒或专用套筒拆卸火花塞，更换新的火花塞。

三、火花塞的检查

1）检查火花塞1的电极间隙，如图33-5所示。若电极间隙不符合标准，须调整或更换火花塞。标准间隙为0.7～0.8mm。

图33-4 火花塞的拆卸方法

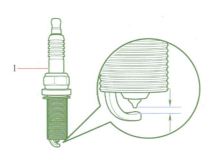

图33-5 检查火花塞电极间隙

2）若发现火花塞发黑、积炭过多，说明较长时间没有更换火花塞或气门密封性不良，应清洁火花塞积炭或检查气门密封性。

3）若发现火花塞发白，说明发动机烧机油，应检查气缸密封性。

4）若发现火花塞潮湿，可能是火花塞不点火，应检查电控系统，排除部件或点火线路故障。

  你学会了吗？

1. 发动机点火系统起什么作用？由哪些部件组成？
2. 电控点火系统的结构和工作原理是怎样的？
3. 怎样进行火花塞跳火试验？
4. 怎样检查和更换发动机火花塞？

第34天　起动系统

  学习目标

1. 了解起动系统的作用、组成和工作原理。
2. 了解起动机的正确使用方法。
3. 掌握起动机的更换方法。

  基础知识

起动系统的组成如图34-1所示。起动系统的功用是在起动机的帮助下将蓄电池的电能转换成机械能，然后通过与发动机连接的飞轮起动发动机。

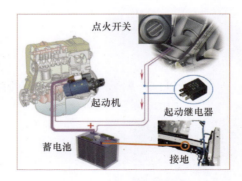

图34-1　起动系统的组成

起亚K2轿车的起动系统电路如图34-2所示。打开点火开关至START位置时，电流流向起动机控制电路，起动继电器闭合，激活起动机电磁线圈。此时，起动机电磁开关的电磁线圈产生磁场，吸拉铁心及拨叉并推动驱动齿轮，使它与飞轮上的齿轮啮合。电磁开关B＋与M接线柱闭合，起动机转动。

发动机起动时,为防止起动机电枢旋转过度造成电动机损坏,当发动机转速超过起动机转速时,利用单向离合器分离驱动齿轮和飞轮齿圈。

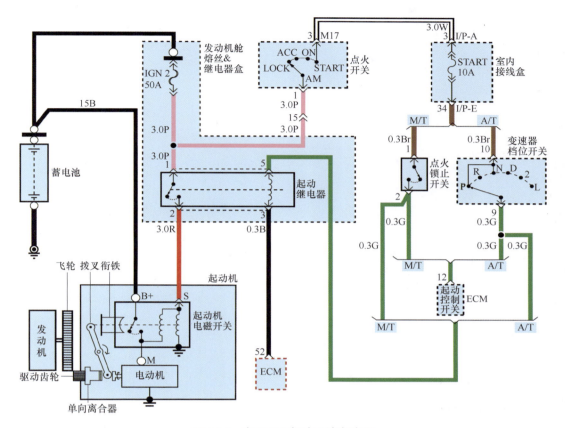

图 34-2 起亚 K2 起动系统电路图

一、起动机的正确使用方法

起动发动机时,合理、正确地使用起动机,能确保起动机工作正常、起动可靠,并延长起动机的使用寿命。

1)起动机工作时,最大电流可达 200A。若长时间、大电流工作,不仅可能烧坏起动电动机,还会造成蓄电池过放电。因此,起动发动机时,起动机的每次工作时间不宜超过 5s;若起动失败,应等约 15s 后再重新起动。

2)起动发动机时,尽量减少起动机的起动次数。

3)在起动发动机过程中,应将变速器操纵杆置于空档位置,并踩下离合器踏板,使起动机不带负载起动,提高一次起动成功率。

4)蓄电池要经常保持充足电的状态,以保证发动机起动时,起动机能获得较大的工作电流和电压,减少起动机的工作时间。

5)在冬季和低温环境下冷机起动时,建议先对发动机进行预热,以提高起动的成功率,减少重复起动的次数,并有利于延长起动机和蓄电池的使用寿命。

6)发动机起动后,要立即松开点火开关,使起动机停止工作,以免损坏电磁开关和起动机,减小单向离合器不必要的磨损。

二、起动机的更换

奇瑞瑞虎7轿车起动机总成的更换方法如下:

1)用13号套筒拆卸起动机两侧的固定螺栓(2个),如图34-3所示。

2)取下起动机总成。

3)安装时以法兰端面轴向定位,以安装止口圆柱面径向定位,固定好起动机位置,对准螺栓孔,如图34-4所示。

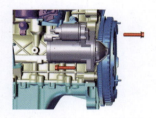
图34-3 拆卸起动机固定螺栓

图34-4 起动机定位面

4)取两颗螺栓,一颗螺栓从变速器侧穿到起动机侧(位于上面的孔),另一颗螺栓从起动机侧穿到变速器侧(位于下面的孔)并拧紧。

5)用13号套筒将六角法兰面螺栓拧紧到规定力矩(45N·m±5N·m)。

你学会了吗?

1. 起动系统的作用是什么?由哪些部件组成?它是怎样工作的?
2. 起动机的正确使用方法有哪些?
3. 怎样更换起动机总成?

第 35 天　发动机电控系统

学习目标

1. 了解发动机电控系统的组成与工作原理。
2. 了解发动机电控系统各部分的功用。
3. 学会使用故障诊断仪诊断发动机电控系统。

基础知识

汽油发动机的电控系统通常由电控单元(ECU)、传感器和执行器三大部分组成。M7发动机电控系统(ME7.9.7)的结构如图35-1所示。

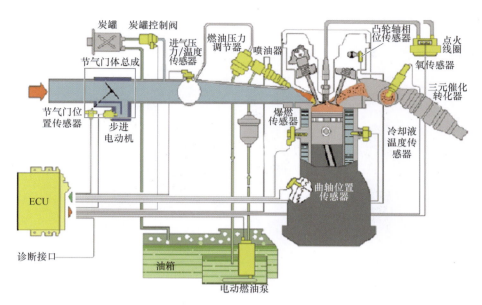

图 35-1　M7 发动机电控系统结构图

ECU 是发动机控制系统的核心部件。ECU 一方面接收来自传感器的信号，另一方面完成对信息的处理工作，同时发出相应的控制指令来控制执行元件的正确动作。

传感器负责向电控单元提供汽车的运行状况和发动机的工况。主要传感器包括：进气歧管绝对压力传感器、冷却液温度传感器、进气温度传感器、空气流量传感器、节气门位置传感器、加速踏板位置传感器、曲轴位置和和转速传感器、凸轮轴位置传感器、爆燃传感器和氧传感器等。

执行器又称执行元件，是控制系统的执行机构，其功用是接受 ECU 发出的控制指令并完成具体的执行动作。主要的执行器有电动燃油泵、喷油器、点火线圈、怠速执行器、炭罐控制阀、电子节气门、正时控制执行器及发动机上的其他辅助设备。

发动机工作时，空气流量传感器检测进入气缸的进气量信号，曲轴位置传感器检测发动机曲轴的转速信号，节气门位置传感器检测驾驶员操作的节气门开度信号，这三个信号作为计算确定燃油喷射量的主要信息输入 ECU，再由 ECU 计算确定基本喷油量。与此同时，ECU 还要根据冷却液温度传感器、进气温度传感器和氧传感器等输入的信号计算确定辅助喷油量，用以对基本喷油量进行必要的修正，最终确定实际喷油量。当实际喷油量确定后，ECU 再根据曲轴位置传感器输入的曲轴转速和转角信号、凸轮轴相位传感器信号确定最佳喷油时刻和最佳点火时刻，并向执行器发出控制指令，控制喷油器、点火线圈等动作，实现相应的控制功能。

一、汽车故障诊断仪的使用方法

汽车故障诊断仪又叫解码器，是用来检测汽车电控系统故障的仪器设备。通过将故障诊断仪与汽车相连接就可以分析汽车的各种零件以及汽车各部分的性能，判断汽车的故障源。

大众 VAG1551/1552 故障诊断仪的使用方法如下：

1）打开机箱，取出故障诊断仪，选择合适的测试主线和 16 针测试线。

2）将测试主线与诊断仪的一端连接，另一端与 16 针测试线连接，将 16 针测试线的另一端插入汽车的左下角仪表盘的诊断插座，如图 35-2 所示。

图 35-2　连接故障诊断仪

3）打开汽车的点火开关，进入仪器的开始菜单，选择汽车诊断测试功能，然后确认。

4）进入汽车的各种功能测试，基本上可以完成汽车的发动机系统、变速器系统、制动系统、空调加热系统、防盗系统等 39 个可测试系统。选择其中一项即可进入测试界面，分别进行控制电脑型号、读取故障码、清除故障码、读数据流和测试执行原件等操作。

二、查询并删除发动机控制单元故障内容

对于一汽大众速腾轿车，查询及删除发动机控制单元故障存储器内容（读取和清除故障码）的方法如下：

1）按如下步骤连接大众车辆诊断仪 VAS 5051/5052：

① 将诊断连接线的插头插到驾驶员脚部位置的诊断接口上。

② 打开点火开关到 ON 位置。

2）选择操作模式：按下显示器上的按钮"汽车自诊断"。

3）选择汽车系统：按下显示器上的按钮"01-发动机电控系统"。

4）选择诊断功能：

① 按下显示器上的按钮"02-查询故障存储器"。

② 如果发动机控制单元中未存储故障，则显示器上显示"识别到 0 个故障"。

③ 如果有故障存储在发动机控制单元中，则故障会在显示器上依次显示。

④ 按下"←"按钮。

⑤ 按下显示器上的按钮"05-删除故障存储器"。

⑥ 按下功能"06-结束输出"。

你学会了吗？

1. 发动机电控系统通常由＿＿＿＿＿、＿＿＿＿＿和＿＿＿＿＿三大部分组成。
2. 简述汽油发动机电控系统的工作原理。
3. 怎样使用汽车故障诊断仪？

第四章 底盘维修必知必会

电子驻车系统

四轮定位仪的操作

第 36 天　汽车底盘基础知识

1. 了解汽车底盘的基本组成和作用。
2. 了解传动系统、行驶系统、转向系统和制动系统各部分的作用和组成。
3. 了解传动系统的布置形式及其特点。

一、汽车底盘的组成和作用

汽车底盘由传动系统、行驶系统、转向系统和制动系统四部分组成。底盘的作用是支承、安装汽车发动机及其各部件、总成，形成汽车的整体结构，并接受发动机的动力，使汽车产生运动，保证汽车能正常行驶。汽车底盘的基本组成如图 36-1 所示。

1. 传动系统

汽车传动系统的功用是将发动机发出的动力传给驱动车轮，使路面对驱动车轮产生一个牵引力，推动汽车行驶。传动系统具有减速、变速、倒车、中断动力、轮间差速和轴间差速等功能，与发动机配合工作，能保证汽车在各种工况条件下的正常行驶，并具有良好的动力性和经济性。传动系统由离合器、变速器、传动轴、万向节、主减速器、差速器和驱动半轴等组成。系统的组成和布置如图 36-2 所示。

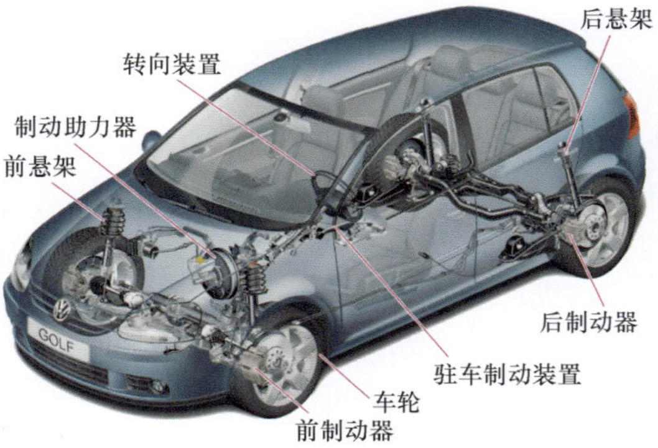

2. 行驶系统

汽车行驶系统的作用是把来自于传动系的转矩转化为地面对车辆的牵引力；承受外界对汽车的各种作用力和力矩；减少振动，缓和冲击，保证汽车正常、平顺地行驶。

行驶系统一般由车架、车桥、车轮和悬架等组成。车架的功用主要是支承连接汽车的各

图 36-1　汽车底盘的基本组成

零部件，承受来自车内外的各种载荷。现代许多轿车和大客车上没有车架，车架的功能由轿车车身或大客车车身骨架承担，故称其为承载式车身。

3. 转向系统

汽车在行驶过程中，需要经常改变行驶方向。改变行驶方向的方法是通过转向轮（一般是前轮）相对于汽车纵轴线偏转一定角度实现的。因此，汽车转向系统的作用是保证汽车能按驾驶员的意愿进行直线或转向行驶。

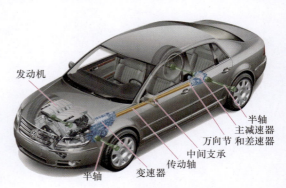

图 36-2　传动系统的组成和布置

汽车的转向系按转向能源的不同分为机械转向系和动力转向系两大类。

4. 制动系统

汽车制动系统的作用是根据需要使汽车减速或在最短的距离内停车，以保证行车的安全，使驾驶员敢于发挥出汽车的高速行驶能力，从而提高汽车运输的生产率，又能使汽车可靠地停放在坡道上。

二、传动系统的布置形式

传动系统的布置形式主要与动力总成的位置及汽车的驱动形式有关。汽车的驱动形式通常用汽车全部车轮数×驱动车轮数来表示，一般的汽车有四个车轮，若其中的两个后轮为驱动轮，则其驱动形式为4×2；若四个车轮都是驱动的，则表示为4×4。

汽车的传动系统布置形式可以分为五类：前置后驱（FR）、前置前驱（FF）、中置后驱（MR）、后置后驱（RR）和四轮驱动（4WD）。

1. 前置后驱（FR）

前置后驱的全称是发动机前置后轮驱动，是一种比较传统的驱动形式。前置后驱布置形式如图36-3所示，其中前轮负责转向，由后轮来承担整个车辆的驱动工作。在这种驱动形式中，发动机输出的动力全部输送到后驱动桥上，驱动后轮使汽车前进。

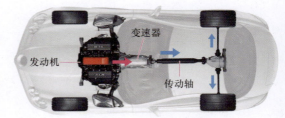

图 36-3　前置后驱布置形式

前置后驱车辆在良好的路面上起步、加速或爬坡时，驱动轮的附着力增大，牵引性明显优于前驱形式。同时，采用前置后驱的车辆还具有良好的操纵稳定性和行驶平顺性。除此之外，前置后驱的安排更加便于车辆的保养和维修。其缺点是传动部件多、传动系统质量大，以及贯穿乘员舱的传动轴占据了舱内的地板空间。

2. 前置前驱（FF）

前置前驱的全称是发动机前置前轮驱动，前置前驱是现代轿车普遍采用的布置方案，如大众的捷达、桑塔纳和帕萨特轿车常采用这种布置方式（图36-4）。前置前驱的优点是：降低了车厢地台，操控性有明显的转向不足特性，另外其抗侧滑的能力也比FR强。其缺点是上坡时驱动轮附着力会减小，而且前轮由于驱动兼转向，导致结构复杂、工作条件恶劣。

3. 中置后驱（MR）

中置后驱的全称是发动机中置后轮驱动，发动机放置在前、后轴之间，同时采用后轮驱动，类似F1赛车的布置形式。还有一种"前中置发动机"，即发动机置于前轴之后、乘员之前，类似于FR，但能达到与MR一样的理想轴荷分配，从而提高操控性。MR的优点是轴荷分配均匀，具有很中性的操控特性。其缺点是发动机占去了乘员舱的空间，降低了空间利用率和实用性，因此MR大都是追求操控表现的跑车，如保时捷（图36-5）。

图36-4　帕萨特前置前驱

图36-5　保时捷中置后驱布置

4. 后置后驱（RR）

后置后驱的全称是发动机后置后轮驱动。早期广泛应用在微型车上，现在多应用在大客车上，轿车上已很少用。RR的优点是结构紧凑，没有沉重的传动轴，也没有复杂的前轮转向兼驱动结构。其缺点是后轴荷较大，在操控性方面会产生与FF相反的转向过度倾向。因此，这种布置方式可以应用在擅长甩尾的高性能跑车上，如保时捷911 carrera系列跑车（图36-6）。

5. 四轮驱动（4WD）

所谓四轮驱动，是指汽车前后轮都有动力，可按行驶路面状态不同而将发动机输出转矩按不同比例分布在前后所有的轮子上，以提高汽车的行驶能力。四轮驱动一般用4×4或4WD来表示。四轮驱动一般用在越野车、SUV上。

四轮驱动系统最显著的特征是具有分动器，如图36-7所示。同时，根据驱动力的分配情况，四轮驱动系统又分为分时四驱、全时四驱和适时四驱。

图36-6　保时捷后置后驱布置

图36-7　四轮驱动布置形式

你学会了吗？

1. 汽车底盘由_____、_____、_____和_____四部分组成。
2. 汽车底盘的功用是什么？
3. 汽车传动系统的布置形式有哪些？各有什么特点？
4. 根据驱动力的分配情况，四轮驱动分为_____、_____和_____。

第37天 离合器

1. 了解汽车离合器的作用、工作原理和结构。
2. 学习离合器工作情况的检查方法。
3. 掌握离合器摩擦片的检查和更换方法。
4. 学会排除离合器液压传动装置中的空气。

基础知识

离合器安装在飞轮上，位于发动机和手动变速器之间，如图37-1所示。驾驶员通过操作离合器踏板，来切断或连接发动机传递过来的动力。

汽车上的单片摩擦式离合器主要由主动部分（飞轮、离合器盖、膜片弹簧和压盘等）、从动部分（从动盘）和操纵机构（分离叉、分离轴承、离合器踏板及传动部件等）三部分组成。主、从动部分是保证离合器处于接合状态并能传递动力的基本结构。操纵机构是使离合器主、从动部分分离的装置。

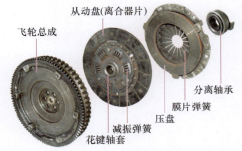

图37-1 单片摩擦式离合器的结构

离合器的工作原理如图37-2所示。接合时，利用膜片弹簧等压紧原件作用于离合器压盘，将离合器从动盘紧压在飞轮和压盘之间，产生一定的摩擦力矩，从而将发动机的动力传递到传动系统，来驱动车辆前进或倒退。分离时，踩下离合器踏板，利用操纵系统驱动分离轴承，利用杠杆原理推动离合器分离指（膜片弹簧），放松对离合器从动盘总成的压紧，从而切断发动机的动力传递，以进行换档等操作。

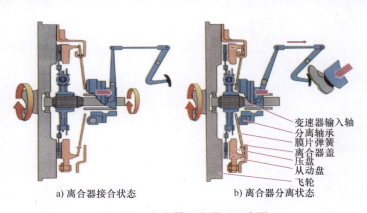

a) 离合器接合状态   b) 离合器分离状态

图37-2 离合器工作原理示意图

离合器液压操纵机构如图37-3所示。踩下离合器踏板时，推杆带动离合器主缸中的活塞运动,从而产生液压力。此液压力被施加到离合器工作缸上,最终推动分离轴承压下膜片弹簧,使离合器逐渐分离。

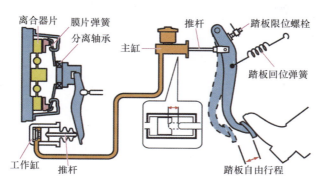

图37-3 离合器液压操纵机构

一、离合器工作情况的检查

对于修复后的离合器,检查其工作状况,实际上是对维修质量的检查,其内容主要有离合器接合、分离、打滑、异响检查。

1)离合器接合检查:使发动机运转,挂上一档,缓慢抬起离合器踏板,如能平稳起步,则表明其接合状况良好。

2)离合器分离检查:使变速器处于空档,发动机高速运转,踩下离合器踏板,挂一档或倒档,若各档能平稳接合,而汽车保持静止不动,则说明离合器可以彻底分离。

3)离合器打滑检查:拉紧驻车制动,并锁止驱动轮,踩下离合器踏板,将变速器挂入一档,此时一边提高发动机转速,一边慢慢松开离合器踏板,若发动机停转,则表明离合器不打滑。

4)离合器异响检查:在汽车运行过程中,当踩下或松开离合器踏板时,离合器均无异响,则表明离合器正常。

二、更换离合器摩擦片(从动盘)

离合器在使用过程中可能会出现分离不彻底、打滑、异响等故障现象。这些故障的原因除操纵机构以外,很大一部分原因是由于离合器的压盘、摩擦片、分离轴承导致的。更换离合器摩擦片的步骤如下:

1)拆下手动变速器总成。
2)拆卸离合器盖总成。方法如下:
① 在离合器盖总成和飞轮总成上做好装配标记。

做标记的目的是防止破坏压盘与飞轮的安装动平衡。

② 每次将各固定（安装）螺栓拧松一圈，直至弹簧张力被完全释放。

③ 拆下固定螺栓并拉下离合器盖，拆下离合器摩擦片总成，如图37-4所示。

图37-4 取下离合器片和离合器盖

3）拆下分离轴承及分离拨叉。从变速器输入轴上拆下分离拨叉及分离轴承总成。

4）检查压盘表面是否有磨损、开裂或灼伤。

5）使用直尺和塞尺检查压盘平面度。如果平面度超出维修极限（0.15～0.2mm），则更换压盘。

6）测量离合器摩擦片的厚度。如果测量值小于维修极限，则更换离合器摩擦片。

7）测量铆钉到摩擦片表面的深度。如果小于0.2mm，说明摩擦片磨损严重，直接更换摩擦片。

8）暂时将离合器盘安装到变速器主轴的花键上，确保离合器盘在主轴上自由滑动。

9）在曲轴导向轴承表面涂抹一层薄薄的钼基润滑脂。

10）在离合器盘的花键上涂抹钼基润滑脂，然后用离合器定位工具组件安装离合器盘。

11）安装压盘和安装螺栓并用手拧紧。

12）以交叉方式紧固安装螺栓。分几步紧固螺栓，以防止膜片弹簧弯曲。

三、离合器液压传动装置中空气的排除

离合器液压传动装置中的液体混有空气时，将会引起离合器分离不彻底，在踩下离合器踏板时有发软的感觉，应按下列方法排除空气：

1）擦净离合器主缸储液罐和放气阀的灰尘和油污。

2）检查储液罐中液面高度，必要时添加制动液。

3）在工作缸放气阀头部安装上胶皮管，管子另一端浸没在制动液容器内。

4）如图37-5所示，将放气阀拧松1/2圈，迅速踩下离合器踏板，缓慢放松踏板，直到胶皮管中不冒气泡为止。

5）踩下踏板，拧紧放气阀，取下胶皮管，装上放气阀防尘帽。

图37-5 松开排气阀排气

如果多次踩放踏板，从胶皮管中都有气泡冒出；应检查各连接部位有无渗漏现象、油管有无裂纹、主缸或工作缸密封圈是否可靠。

你学会了吗？

1. 离合器的作用是什么？由哪些部件组成？它是怎样工作的？
2. 怎样检查离合器的工作情况？
3. 怎样更换离合器摩擦片？
4. 怎样排除离合器液压传动装置中的空气？

第 38 天　手动变速器概述

学习目标

1. 了解手动变速器的总体结构和工作原理。
2. 了解手动变速器齿轮变速机构的组成和工作原理。
3. 了解手动变速器换档操纵机构的组成和工作原理。

一、手动变速器的总体结构

手动变速器又称为机械式变速器，换档时必须用手拨动变速杆才能改变变速器内的齿轮啮合位置，改变传动比，从而达到变速的目的。轿车手动变速器大多为 5 档或 6 档有级式齿轮传动变速器。换档时，必须先踩下离合器踏板，方可拨动变速杆。

手动变速器由输入轴、输出轴、换档和选档机构、拨叉与拨叉轴、倒档机构、差速器和壳体等组成。大众 5 档手动变速器的总体结构如图 38-1 所示。

图 38-1　大众 5 档手动变速器的总体结构

二、齿轮变速机构

大众 5 档手动变速器的齿轮变速机构如图 38-2 所示。输入轴与 1 档、2 档和倒档齿轮由同一工件制成。3 档、4 档和 5 档的齿轮则单独生产，压装在输入轴上。在输出轴上安装有接合套及同步器、换档齿轮和差速器传动装置。倒档的档位齿轮和倒档的中间齿轮始终咬合在一起，只有当接合套的外花键沿中间齿轮方向移动到输出轴上并卡入中间齿轮时，挂入倒档的操作才会产生动力啮合。

图 38-2　大众 5 档手动变速器的齿轮变速机构

汽车发动机的动力是由发动机经变速器输入轴前端的花键传递到变速器里面，然后通过不同的档位齿轮、输出轴传递到主减速/差速器齿轮上，通过差速器壳体、行星齿轮、半轴齿轮、左右传动半轴，最后传递到驱动轮上。

三、换档操纵机构

换档操纵机构是变速器变换档位的控制机构。如图 38-3 所示，拉索换档机构包括了变速杆模块、一根选档拉索和一根换档拉索，以及其与换档座和拉索支座的连接件，这两个拉索起到连接变速杆和变速器的作用。通过换向杆和换档杆，拉索将变速杆的选档和换档运动传输给换档座。拉索换档机构还可以避免传动系的振动被导入乘员舱。

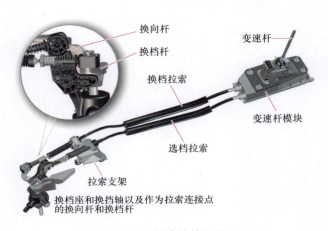

图 38-3　拉索换档机构

换档拨叉与拨叉轴的结构如图 38-4 所示。拨叉轴的末端支承在离合器和变速器壳体内。拨叉轴上安装有沿轴向来回运动的换档拨叉，选中接合套并推动接合套移动时，接合套卡入相应的换档齿轮，进而完成档位切换操作。

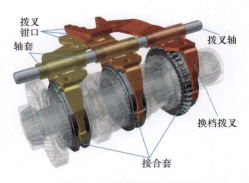

图 38-4　换档拨叉与拨叉轴

提示

该款变速器一根拨叉轴上安装了几个换档拨叉，换档拨叉可以在拨叉轴上滑动；而有的变速器一根拨叉轴只连接一个换档拨叉，两者是用销固定在一起的。

第四章　底盘维修必知必会

> **你学会了吗？**
>
> 1. 手动变速器的特点是什么？由哪些部件组成？它是怎样工作的？
> 2. 大众 5 档手动变速器的齿轮变速机构是怎样的？
> 3. 换档操纵机构包括哪些部件？它是怎样完成档位切换操作的？

第 39 天　手动变速器的维修

学习目标

1. 学会检查和更换手动变速器油。
2. 了解手动变速器各部件拆卸的先后顺序。
3. 掌握手动变速器的分解方法。

实际操作

一、手动变速器油的检查和更换

手动变速器每行驶 1 年或 30000km，需要更换变速器齿轮油。操作步骤如下：

1）将车辆停在水平地面上，并关闭发动机。
2）用举升机举升车辆，并确保其被牢固支撑。
3）拆下前轮挡泥板。
4）拆下注油螺塞 A 和密封垫圈 B，检查变速器油情况，并确保油液处于正确的油位 C，如图 39-1 所示。
5）如果变速器油脏污，拆下放油螺塞 A 并排空变速器，如图 39-2 所示。

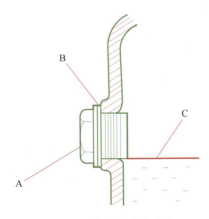
图 39-1　检查变速器油位

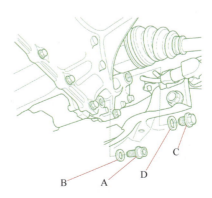
图 39-2　放油螺塞和注油螺塞

6）用新密封垫圈 B 重新安装放油螺塞，并重新为变速器加注变速器油至正确油位。
油液容量（本田飞度）：更换油液时，1.5L；大修时，1.6L。

· 95 ·

7)安装带有新密封垫圈 D 的注油螺塞 C。
8)安装挡泥板。
9)降下举升机上的车辆。

二、手动变速器的分解

下面以东风风神 5 速手动变速器为例,说明手动变速器的分解方法。具体步骤如下:
1)将手动变速器固定在变速器固定支架上。
2)拆卸变速器盖,如图 39-3 所示。方法如下:
① 使用 13mm 的套筒拧下螺栓。
② 直接取下变速器盖及其上的密封圈。
3)用 4mm 圆柱冲冲出 5 档变速叉锁止弹性销,如图 39-4 所示。
4)使用卡簧钳取下卡环,如图 39-5 所示。

图 39-3 拆卸变速器盖

图 39-4 冲出弹性销

图 39-5 取下同步器卡环

5)向上取出 5 档拨叉及同步器,再取下 5 档齿轮,如图 39-6 所示。
6)使用卡环拆卸钳取下卡环,如图 39-7 所示。
7)直接取出碟形弹性垫圈,如图 39-8 所示。

图 39-6 取下 5 档齿轮

图 39-7 取下卡环

图 39-8 取出碟形弹性垫圈

8)拆卸 5 档主动齿轮。使用拉具拔出 5 档主动齿轮,如图 39-9 所示。
9)使用 T40 花型套筒拧下 4 个螺栓,如图 39-10 所示。

图 39-9 拔出 5 档主动齿轮

图 39-10 拧下锁止卡片螺栓

10）用一大小合适的圆柱冲插入锁止片的螺栓孔中，用另一圆柱冲向外顶另一端，取下锁止片，如图39-11所示。

11）逆时针拧下倒档开关。

12）旋出变速器壳体连接螺栓，使用撬杠分离变速器壳体与离合器壳体。

13）托住一轴、二轴连同拨叉向上垂直取出，如图39-12所示。

如取出不顺，可以轻微晃动以便取下一、二轴。

图39-11　取下锁止片

图39-12　取出变速器轴总成

1. 怎样检查和更换手动变速器油？
2. 怎样取下5档同步器和变速齿轮？
3. 怎样拆卸倒档滑动齿轮和倒档拨叉？
4. 手动变速器的基本分解顺序是怎样的？

第40天　传动轴与半轴

1. 了解传动轴和半轴的的作用与组成。
2. 掌握传动轴和半轴的检修方法。
3. 学会拆装半轴总成，并了解操作过程中的注意事项。

传动轴的作用是将从变速器/差速器输出的转矩传递给驱动桥，以驱动车辆行驶。如图40-1所示，传动轴由轴管、伸缩套和前、后两个万向节等组成。伸缩套能自动调节变速器与驱动桥之间距离的变化，万向节是保证变速器输出轴与驱动桥输入轴两轴线夹角 α 的变化，并实现两轴的等角速传动。在前置后驱的车辆上，常采用两个十字万向节来实现等角速传动；而前置前驱车辆则省略了传动轴。

半轴也叫驱动轴，是驱动桥中的差速器与驱动轮之间传递转矩的实心轴或空心轴，其内端一般通过花键与半轴齿轮连接，外端与轮毂连接。半轴将差速器传来的转矩再传给车轮，驱动车轮旋转，推动车辆行驶。半轴分左、右各一根。对于前置前驱车辆，其长度是根据发动机的布置位置来确定的。轿车半轴总成的结构如图40-2所示。

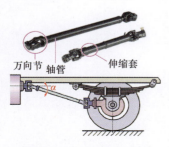

图40-1　传动轴的组成

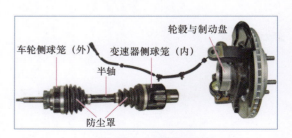

图40-2　轿车半轴总成的结构

一、传动轴的检修

1）检查传动轴和凸缘叉是否损坏和传动轴的径向跳动情况。如有损坏或径向跳动超出限定值，应更换传动轴或凸缘叉。

2）如怀疑万向节有咔嗒声或振动声，应检查万向节是否磨损，检查万向节叉内的十字轴是否磨损或花键是否磨损。用新的传动轴更换有噪声的传动轴。万向节噪声很容易与其他噪声区分，因为咔嗒声或振动声的节奏与常速行驶步调一致。特别是在静止起动或惯性滑行状态下（动力传动中出现发动机脱开时），这种噪声尤其明显。

二、半轴的检修

1）检查半轴弯曲变形。半轴弯曲时，可将半轴夹在车床上，用千分表抵在半轴中间处测量，若摆差超过2mm时，应进行冷压校正或更换半轴。

2）目视检查半轴万向节磨损状况。万向节的严重磨损会使半轴工作状况变坏，因而应对其磨损状况进行重点检查。检查方法可采用就车检查或拆卸检查的方式进行。

① 就车检查方法：使汽车慢行并将转向盘打到底，若出现金属的撞击声，则可能是半轴外侧万向节磨损松旷所致；若汽车在加速时，明显感到振动，则可能是半轴内侧万向节磨损松旷所致；停车后，将汽车举起固定，在车底下用手晃动半轴并转动车轮，感觉有松旷及撞击现象，则表明万向节磨损松旷。

② 拆卸检查方法：检查时，将半轴夹在台虎钳上，来回拧动半轴两端，若在万向节的径向方向有明显的间隙感，则说明该万向节磨损严重。

3）半轴有裂纹、断裂现象，或出现明显的扭曲，应立即更换半轴总成；若半轴上外球笼开口端磨损过度，或出现明显沟槽，应更换半轴。

4）检查中间支承轴承。中间支承轴承应转动顺畅，无明显间隙，无异响；若中间支承轴承内、外滚道受损、卡滞或者间隙过大，则应予以更换。

5）检查防尘罩。检查半轴上的内防尘罩和外防尘罩是否有裂纹、损坏、润滑脂泄漏和防尘罩卡箍松动。如果发现有任何损坏，更换防尘罩和防尘罩箍带。

三、半轴的拆装

半轴的拆装步骤如下：

1）拆卸左前车轮。
2）拆下前桥左半轴锁紧螺母。方法如下：
①使用锤子和冲子完全撬起螺母的止退凸缘。
②施加制动的同时，用套筒拆下车桥左半轴锁紧螺母，再取下垫片，如图40-3所示。
3）拆卸左前转向节与控制臂球头销的连接螺母，并用专用工具把控制臂球头销与转向节分离，如图40-4所示。

图40-3　拆下半轴锁紧螺母

图40-4　拆卸球头销连接螺母

4）将左半轴外球笼花键从前轮毂的花键槽中脱出，如图40-5所示。
5）用扁口撬杆对准内球笼上拆卸槽，依托变速器上凸台将内球笼从变速器中撬出，如图40-6所示。

图40-5　从前轮毂脱出外球笼

图40-6　撬出内球笼

6）拆下定位环（半轴安装复位时，需更换定位环）。
7）安装半轴总成时，在外球笼和前轮轴承的接触区域上涂抹润滑脂。
8）将一个新的定位环安装到半轴内球笼的定位环槽内。
9）将半轴的内端插入差速器或中间轴，直到定位环卡在环槽中。

特别提示

①操作过程中不得度拉拔轴杆和外球笼端；②内球笼插入变速器时，注意花键勿刮碰差速器油封，以免造成油封主唇口损坏；③安装和运输过程中，必须轻拿轻放；④安装过程中不得手握密封护套（防尘罩），防止护套产生褶皱；⑤拆装操作应保证两端万向节无过大摆角、过大冲击、过度拉伸和压缩，避免传动轴内端密封套与三销式万向节金属部件接触。

你学会了吗？

1. 传动轴和半轴分别由哪些部件组成，它们起什么作用？
2. 怎样检修汽车传动轴？
3. 怎样检修汽车半轴？
4. 怎样拆装半轴总成？拆装时有哪些注意事项？

第41天　行星齿轮式自动变速器

学习目标

1. 了解行星齿轮式自动变速器的组成和工作原理。
2. 学会检查及更换自动变速器油（ATF）。
3. 学习自动变速器换档拉索的调整方法。

基础知识

自动变速器是由液力变矩器和行星齿轮式自动变速机构组合起来的，其组成部分包括液力变矩器、行星齿轮机构、离合器、制动器、油泵、滤清器、管道、控制阀体和速度调压器等。按照这些部件的功能，可将它们分成液力变矩器、变速齿轮机构、供油系统、自动换档控制系统和换档操纵机构五大部分，如图41-1所示。

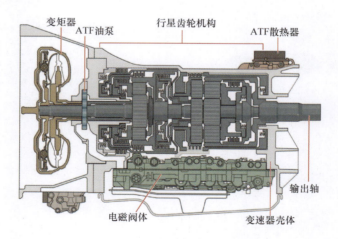

图41-1　行星齿轮自动变速器的结构

行星齿轮式自动变速器是根据驾驶员踏下加速踏板的深度或发动机负荷与车速来自动换档的。自动换档系统中液压阀体各控制阀不同的工作状态，决定了行星齿轮机构中离合器的分离与结合，以及制动器的制动与释放，从而改变行星齿轮机构的动力传递路线，实现变速器档位的变换。

自动变速器通过各传感器和开关监测汽车和发动机的运行状态，将采集到的信息转换成电信号输入电控单元。电控单元根据信号驱动电磁阀打开或关闭换档离合器和制动器的油路，控制换档时刻和档位的变换，实现自动变速。自动变速器的组成如图41-2所示。

离合器的作用是把动力传给行星齿轮机构的某个元件，使之成为主动件，或将某两个元件连接在一起。

制动器的作用是将行星齿轮机构中的某个元件抱住，使之不动。单向离合器的作用和多片式离合器及制动器基本相同，也是用于固定或连接几个行星排中的某些太阳轮、行星架、齿圈等基本元件，让行星齿轮变速器组成不同传动比的档位。

多片式离合器的结构如图41-3所示。

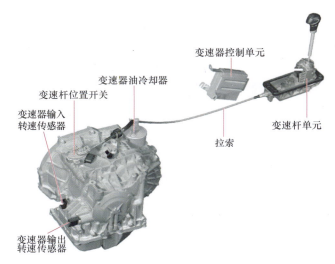

图41-2 自动变速器的组成

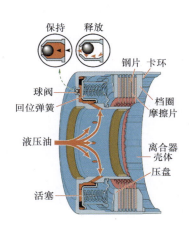

图41-3 多片式离合器的结构

一、自动变速器油液面高度的检查

自动变速器油（ATF）液面高度（油量）的检查方法如下：
1）将车辆停在水平地面上。
2）在发动机怠速状态下，把变速杆换到所有的档位，并回到P位。
3）抽出变速器油标尺，并擦净其表面，在暖机状态下检查自动变速器油液面的高度。
4）如果液面低于"HOT"刻度范围内，检查自动变速器油是否漏油并加注自动变速器油。
5）如果液面超过"HOT"刻度范围上限，则说明自动变速器油加注过量，需要通过油底壳放油螺塞放出部分油液，然后再检查自动变速器油液面。

二、自动变速器油的更换

1）举升车辆，拆卸发动机下护板固定螺栓，取下发动机下护板。
2）将合适的接油容器放在自动变速器下面。

3）如图 41-4 所示，拆卸放油螺塞，将油液全部放出。
4）使用新衬垫安装放油塞，按规定力矩拧紧。
5）移走接油容器，并放下车辆。
6）如图 41-5 所示，取出自动变速器油标尺，将变速器油加注漏斗固定在自动变速器油标尺管上，加注规定容量的自动变速器油。
7）起动发动机并怠速运转 1~2min。
8）把变速杆挂到每个档位停留几秒钟，然后将它挂到"N"或"P"的位置。

图 41-4　放出 ATF　　　　　　　　　图 41-5　加注 ATF

9）驾驶车辆直到变速器油温上升到正常工作温度（70~80℃）为止，然后再次检查油位。油位必须在 HOT 标记处。

三、自动变速器换档拉索的调整

变速杆所在的档位必须与档位显示的位置一致，否则按照如下步骤进行调整：

1）在发动机舱找到换档操纵拉索总成的调节机构（位于变速器上方）。

2）将调节机构上的白色限位卡扣向右推动，解除限位，如图 41-6 所示。

3）将拉索总成上的蓝色可调结构由下面往上翘起松开，如图 41-7 所示。

图 41-6　解除换档拉索限位

4）将变速器和换档机构手动切换至 N 位。

5）将拉索总成上的蓝色可调结构在自由状态下沿图 41-8 所示方向按压到底，与黑色塑料件平齐为止，最后将白色卡扣沿图示方向推到底，把蓝色可调结构锁止即可。

图 41-7　松开蓝色可调结构　　　　　　图 41-8　锁止换档拉索调节机构

6）接通点火开关，拨动变速杆，检查变速杆所选档位是否与仪表显示的档位一致；如不一致，重新进行调整。

你学会了吗？

1. 行星齿轮式自动变速器的特点是什么？由哪些部件组成？
2. 怎样检查自动变速器油的液面高度？
3. 怎样调整自动变速器换档拉索长度？

第 42 天　双离合变速器（DSG）

1. 了解DSG变速器的结构特点和换档工作原理。
2. 学习怎样更换DSG的双离合器。

目前常见的DSG（双离合变速器）有大众车系的0AM、02E变速器，其他车系的双离合器变速器多称为DCT。0AM为7档干式双离合器变速器，02E为6档湿式双离合器变速器。大众02E变速器的总体结构如图42-1所示。该变速器的两根空心输入轴（输入轴1和输入轴2）同轴安装，输入轴1的内部空心穿过一根机油泵的驱动轴。

如图42-2所示，大众02E变速器主要由两个相互独立的传动机构组成，每个传动机构的结构与手动变速器相同，各档齿轮都配有传统手动变速器的同步装置和换档机构，且均配备多片式离合器。两多片式离合器均为湿式离合器，在DSG机油里工作，其机械电子系统根据将要挂入的档位进行调节、分离和啮合。1、3、5和倒档通过多片式离合器K1进行选档，2、4、6档通过多片式离合器K2进行选档。变速器总是有一个传动机构在传递动力，而同时另一个传动机构已经挂上邻近档位，只是这个档位的离合器并未接合。

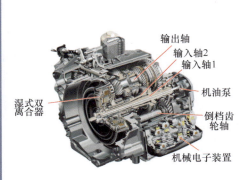

图 42-1　DSG变速器的总体结构

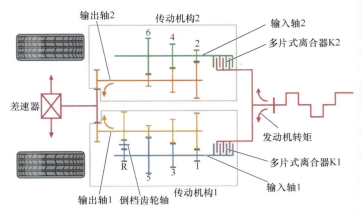

图 42-2　大众02E变速器的动力传递

大众02E变速器的内部结构如图42-3所示。发动机转矩由双质量飞轮借助于花键传递到双离合器的输入毂上。

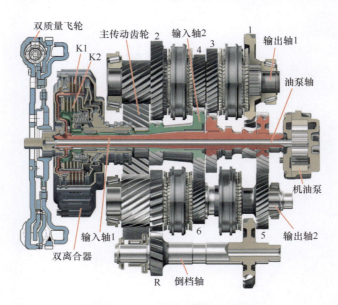

图 42-3　大众 02E 变速器的内部结构

大众 02E 变速器的换档拨叉如图 42-4 所示。DSG 变速器的换档机构与手动变速器一样，也是采用换档拨叉。每个换档拨叉配有一个行程传感器，该传感器用于感知换档拨叉的准确位置和行程。换档压力机油经过变速器壳体上的孔流至相应档位的液压缸内。于是，在换档拨叉上产生压力，将换档拨叉推至左侧止点位置或右侧止点位置或者中间位置（空档位置）。如果已挂档了，那么相应的液压缸就被卸压成无压力状态。挂入的档位由换档齿的齿背和止动销来保持住。

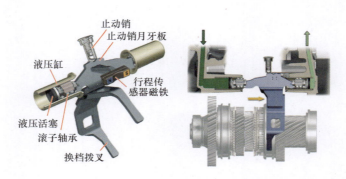

图 42-4　大众 02E 变速器的换档拨叉

实际操作

以下详细介绍大众 02E 变速器中，双离合器的更换方法。拆卸和安装离合器时，必须将变速器牢靠地垂直固定在装配台上。离合器封盖用卡环固定在变速器机体上，以将变速器与外界隔离。拆下卡环后，即可从机体中撬出封盖。具体步骤如下：

1）撬出卡环，然后拆卸离合器封盖，如图 42-5 所示。

2）拆下离合器盖的卡环，然后取出离合器盖，如图42-6所示。

图42-5 拆卸离合器封盖

图42-6 拆卸离合器盖

如果离合器上无标记，则做一个彩色的标记标出离合器盖的位置，以便于安装。

3）拆卸卡环，然后取出离合器，如图42-7所示。
4）取出变速器油泵驱动轴，如图42-8所示。

图42-7 取出离合器

图42-8 油泵驱动轴

安装新离合器后方可插入变速器油泵驱动轴。

5）取出新的离合器时按压离合器盖，从而避免离合器盖及其下方的膜片架从内膜片中滑出。
6）将活塞环平衡地旋转一圈，活塞环必须转动灵活，且活塞环切口不得重叠。
7）将固定销置于封盖底坐上。
8）小心地装入离合器，不要使其自由下落。安装离合器时需要另一位技师握住固定销，如图42-9所示。
9）拆卸离合器盖的卡环，小心地从离合器上取下离合器盖。
10）选择合适的卡环安装到离合器输入轴上。
11）安装变速器油泵驱动轴。
12）按标记安装离合器盖，使凸耳与标记对齐。
13）取出固定销，然后安装离合器盖。

图42-9 装入离合器

你学会了吗?

1. DSG 变速器的特点有哪些?
2. DSG 变速器由哪些部件组成?它是怎样工作的?
3. 怎样更换磨损了的 DSG 变速器双离合器?

第 43 天　无级变速器（CVT）

 学习目标

1. 了解 CVT 变速器的工作原理和结构特点。
2. 掌握 CVT 变速器失速测试方法及故障部件诊断。

 基础知识

无级变速器采用传动带和工作直径可变的主、从动锥轮相配合来传递动力，可以实现传动比的连续改变，从而得到传动系与发动机工况的最佳匹配。CVT 能大大改善汽车的燃油经济性和换档平顺性。

CVT 的总体结构如图 43-1 所示，该装置包括两个对置的锥轮和一条环绕在两个锥轮上的 V 形传动钢带。变速装置的动力最终通过中间轴传送到变速器内的差速器。

无级自动变速器的基本工作原理如图 43-2 所示。

图 43-1　CVT 的总体结构

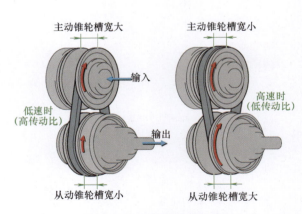

图 43-2　CVT 的基本工作原理

奥迪 01J 无级变速器的结构如图 43-3 所示。发动机转矩通过飞轮减振装置或双质量飞轮传递给变速器，然后通过行星齿轮机构来变换前进档或倒档。当前进档离合器接合时，车辆向前行驶；当倒档离合器接合时，车辆倒退行驶。液压控制单元和控制单元集成为一体，位于变速器壳体内，油泵产生油压，供液压控制系统使用。CVT 通过调节主动锥轮和从动锥轮压力腔的压力，来移动可滑动的锥轮，实现换档（调节传动比）。并保证在相对低压时，锥轮斜面和钢带间有足够的接触压力。

 **实际操作**

以下详细介绍对日产天籁车型的 CVT 进行失速测试的方法。失速测试可用来检查 CVT 变速器管路压力是否正常，以及离合器、变矩器等变速器部件是否工作正常。具体步骤如下：

1）检查机油量，必要时添加机油。
2）驾车行驶大约 10min 时间以暖机，使 CVT 油液温度达到 50~80℃。检查 CVT 油液量，如有必要，请添加。

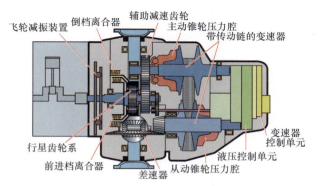

图 43-3 奥迪 01J 无级变速器

3）可靠地拉紧驻车制动，使车轮无法转动。
4）将转速表安装在测试过程中驾驶员能够看到的位置。
5）起动发动机，踩下制动踏板，将变速杆放在 D 位。
6）使用脚制动的同时，要慢慢踩下加速踏板。
7）快速记下失速转速，然后快速松开加速踏板。

 注 意

在该项测试过程中，踩下加速踏板的持续时间不要超过 5s。

失速转速应为 2700~3250r/min。

8）将变速杆置于 N 位。
9）冷却 CVT 油液。

 注 意

使发动机怠速运转至少 1min。

10）将变速杆置于 R 位，重复步骤 6~9。
11）通过表 43-1 判断 CVT 变速器是否工作正常。

表 43-1 失速检查表

	变速杆位置		预计可疑位置
	D	R	
失速转速	H	O	• 前进档离合器
	O	H	• 倒档
	L	L	• 发动机和液力变矩器单向离合器
	H	H	• 管路压力低 • 主带轮 • 辅助带轮 • 钢带

O：失速位于标准值的范围内。
H：失速高于标准值。
L：失速低于标准值。

你学会了吗?

1. CVT 变速器的换档原理是什么？有哪些结构特点？
2. 怎样对 CVT 变速器进行失速测试？

第 44 天　平行轴式自动变速器

学习目标

1. 了解平行轴式自动变速器的结构特点和工作原理。
2. 了解平行轴式自动变速器的动力传递路线。

基础知识

本田车采用平行轴式自动变速器，其变速机构的工作原理与手动变速器基本相同，不同点在于它是通过液压离合器来控制不同档位的齿轮啮合的。

一、平行轴式自动变速器的结构

平行轴式自动变速器的结构如图 44-1 所示，变速器由液力变矩器、液压控制装置和三轴齿轮变速机构等组成。变速器有三个平行的轴：主轴（输入轴）、副轴（输出轴）和第二轴。主轴与发动机曲轴在一条直线上，变矩器能将动力传送到变速器主轴上。副轴包括 1 档、2 档、3 档、4 档、5 档、倒档、驻车档和主减速器主动齿轮。惰轮轴位于主轴和第二轴之间，并且惰轮在主轴和第二轴之

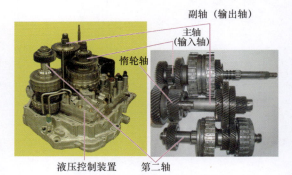

图 44-1　平行轴式自动变速器的结构

间传送动力。主轴和第二轴上的齿轮始终与副轴上的齿轮相啮合。当变速器中的特定齿轮组合通过离合器啮合时，动力首先通过主轴传递，再通过惰轮轴传至第二轴，最后到副轴以提供驱动力。

二、平行轴式自动变速器和换档原理

1. 1 档动力传递路线

本田飞度平行轴式自动变速器在 1 档时的动力传递如图 44-2 所示。此时，液压施加到 1 档离合器上，然后 1 档离合器使第二轴 1 档齿轮与第二轴啮合。主轴惰轮通过惰轮轴惰轮和第二轴惰轮驱动第二轴，第二轴 1 档齿轮驱动副轴 1 档齿轮和副轴，动力传送到主减速器主动齿轮上，并驱动主减速器从动齿轮。

2. 倒档动力传递路线

如图 44-3 所示，当变速杆处于 R 位时，液压施加到伺服阀上，使倒档接合套与副轴倒档齿轮和倒档接合套毂啮合。液压同时施加到 5 档离合器上，然后 5 档离合器使主轴倒档齿轮与主轴啮合。主轴倒档齿轮通过倒档中间齿轮驱动副轴倒档齿轮，副轴倒档齿轮的转动方向通过倒档中间齿轮改变，副轴倒档齿轮通过驱动倒档接合套毂的倒档接合套来驱动副轴。动力传送到主减速器主动齿轮上，并驱动主减速器从动齿轮。

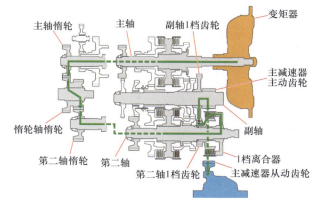

图 44-2　1 档动力传递路线

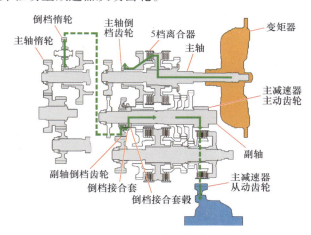

图 44-3　倒档动力传递路线

你学会了吗？

1. 平行轴式自动变速器由哪些部件组成？有何特点？
2. 平行轴式自动变速器是怎样换档的？
3. 平行轴式自动变速器的倒档动力传递路线是怎样的？

第45天　四轮驱动系统（4WD）

学习目标

1. 了解四轮驱动系统的类型和组成。
2. 了解四轮驱动启动开关的档位和操作方法。
3. 了解分动器的作用、结构和工作原理。

一、四轮驱动系统的类型和组成

四轮驱动是指车辆的传动系统可向四个车轮输送动力。四轮驱动系统一般分为分时四轮驱动系统和全时四轮驱动系统。奥迪 Q7 全时四轮驱动系统的组成如图 45-1 所示。

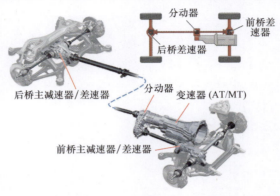

图 45-1　奥迪 Q7 全时四轮驱动系统的组成

分时四驱是由驾驶员手动切换的驱动模式，驾驶员可通过接通或断开分动器来选择两轮驱动或四轮驱动模式。分时四驱的车辆没有中央差速器，前轮与后轮间的转速差无法被吸收。这是 SUV 车型中最常见的驱动模式，其优点是既能保证车辆的动力性和通过性，又能兼顾燃油经济性。

全时四驱指的是车辆在整个行驶过程中一直保持四轮驱动的模式。在干燥的公路上行驶时，汽车可以使用两轮驱动。如车轮打滑，可以自动接合 4 轮驱动。大多数全时 4 轮驱动系统还具备高低档分动器，可在恶劣地形情况下使用分动器的低速档（4L），提供更大的四轮驱动力。

二、四轮驱动开关

荣威 W5 的四轮驱动开关为阶段型旋转开关，TCU 根据开关的旋转识别四驱档位。如图 45-2 所示，旋转四轮驱动开关时，根据路况和气候条件选择适当的驱动状态。通过行星齿轮组，两档式的分时分动器在选择 4WD HIGH 时采用直接档，而选择 4WD LOW 时将会形成 2.48 的减速比。

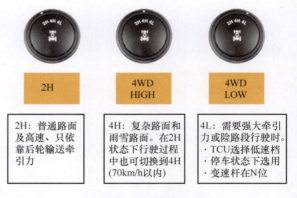

图 45-2　四轮驱动开关

在行驶过程中分动器内的无声链条将动力传输到前轮。另外可通过仪表板上的开关轻松切换 2H、4H 变速，而 4L 则需要停车变速。发生系统故障时，将通过警告灯向驾驶员进行提示。

当操作切换开关转换四轮驱动状态时，有可能发生机械噪声和振动，这是依状态的转换而产生的正常现象。普通路面上不要开启四轮驱动模式，此情况下应以两轮驱动模式行驶。普通公路上的四轮驱动，将会产生不必要的噪声、轮胎磨损、耗油量增加等现象。

三、分动器

分动器用来分配传递到前轴和后轴的转矩，并且可以在两驱和四驱之间切换。奥迪 Q7 四轮驱动系统的分动器如图 45-3 所示。链传动装置将驱动转矩传输到前桥，差速器通过与输入轴同轴布置的输出轴来驱动后桥，前桥转矩被传输到上链轮上。链轮位于上输出轴上，可自由转动，它通过链条驱动下链轮。下链轮与法兰轴固定连接在一起，并形成前桥主减速器的驱动力。链传动装置使用自动变速器油（ATF）来进行润滑。

带黏液耦合器的四轮驱动系统的结构如图 45-4 所示。黏性耦合器位于传动轴和后桥主减速器之间，其作用是在前后轴出现转速差时，将来自变速器、差速器的驱动力传输给后桥。黏性耦合器属于一种液力耦合器，其内摩擦片和外摩擦片间充满了硅油，摩擦片彼此是不接触的。动力传递是通过硅油来实现的，可以在滑差率很小时传递很小的牵引力矩。如果外摩擦片和内摩擦片之间的转速差增大，那么空槽处的硅油就会被剪切。这就产生了热，那么硅油也就变得更黏稠了，耦合器能传递的转矩也就越大。

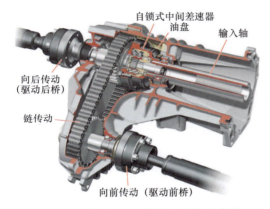

图 45-3 奥迪 Q7 四轮驱动系统分动器

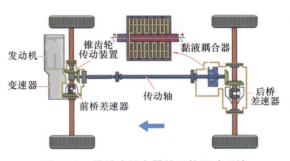

图 45-4 带黏液耦合器的四轮驱动系统

你学会了吗?

1. 四轮驱动系统的类型有哪些？各有什么特点？
2. 四轮驱动开关的档位有哪些？分别在什么时候使用？
3. 分动器起什么作用？黏液耦合器的工作原理是怎样的？

第 46 天 机械转向系统

学习目标

1. 了解转向系统的功能、分类和机械转向系统的构成。
2. 学会检查和调整转向盘的自由行程。
3. 学会检查和调整转向盘的中心位置。

用来改变或保持汽车行驶方向的一系列装置称为汽车转向系统，其功能就是按照驾驶员的意愿控制汽车的行驶方向。

汽车转向系统分为两大类：机械转向系统和动力转向系统。完全靠驾驶员手动施力操纵的转向系统称为机械转向系统。机械转向系统由转向操纵机构、转向器和转向传动机构三大部分组成。其中，转向操纵机构由转向盘、转向管柱、转向轴等组成，它的作用是将驾驶员转动转向盘的操纵力传给转向器。

大部分轿车一般采用齿轮齿条式机械转向系统，其结构如图46-1所示。齿轮齿条式转向器（转向机）通过壳体两端的螺栓固定在副车架上。其基本结构是一对相互啮合的小齿轮和齿条。转向轴带动小齿轮旋转时，齿条便做直线运动。借助横拉杆推动或拉动转向节，使前轮实现转向。

一、检查转向盘自由行程

当左右转动转向盘，转向轮刚开始并没有产生偏转现象，这一空转的行程，就称为转向盘自由行程。转向盘自由行程的检查方法如下：

1）停车，使轮胎正对前方。
2）通过顺时针和逆时针转动转向盘至阻力增大时检查转向盘自由行程（最大自由行程：30mm），如图46-2所示。
3）当测量值超过标准值时，检查转向管柱的每个接头和动力转向机构的安装情况。

图46-1 齿轮齿条式机械转向系统

二、检查和调整转向盘中间位置

若车辆的转向盘不在中间位置，则当松开转向盘后，车辆将不会直线行驶，出现跑偏现象。转向盘中间位置的检查和调整方法如下。

（1）检查转向盘中间位置
具体步骤如下：
1）将两段胶纸带分别贴到转向盘上部中心和组合开关上护罩上，如图46-3所示。

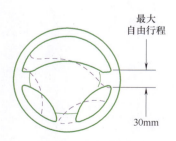

图46-2 转向盘自由行程

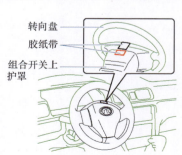

图46-3 贴胶纸带

2)以 50km/h 的恒定速度驱车直线行驶 100m，握住转向盘并保持该路线。
3)如图 46-4 所示，在胶纸带做标记（划一条线）。
4)将转向盘转至中间位置。

关于中间位置，参考转向盘上表面、转向盘辐条和 SRS 气囊线。

5)如图 46-5 所示，在转向盘的胶纸带上划一条新线。
6)测量转向盘胶纸带上两条线之间的距离即为转向盘偏心距离。
7)将测量的距离转换为转向角，测量距离 1mm 约为 1°转向角。

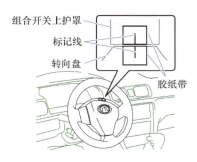 

图 46-4　在胶纸带上做标记　　　　图 46-5　转向盘偏心距离

（2）调整转向角
左右侧分别执行下列步骤：
1)在横拉杆和齿条接头的显著位置做标记，如图 46-6 所示。
2)使用量规测量横拉杆和齿条接头螺纹间的距离。
3)松开左、右锁紧螺母和防尘套卡夹，如图 46-7 所示。

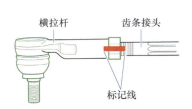 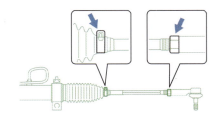

图 46-6　调整前做标记　　　　图 46-7　松开锁紧螺母和防尘套卡夹

4)以相同的旋转角度（不同方向）旋转左右齿条接头。齿条接头旋转 360°（1.5mm 水平移动）相当于转向角度 12°。
5)拧紧左右锁紧螺母，力矩：74N·m±7N·m。

确保左右横拉杆接头与齿条接头螺纹之间的长度差在 1.5mm 内。

6)安装左右防尘套卡夹。

你学会了吗?

1. 转向系统的作用是什么？分为哪两大类型？
2. 机械式转向系统由哪些部分组成？齿轮齿条式转向系统的结构是怎样的？
3. 怎样检查转向盘的自由行程？
4. 怎样检查和调整转向盘中间位置？

第47天　电动助力转向系统

学习目标

1. 了解电动助力转向系统的组成和工作原理。
2. 掌握转向器总成的拆卸方法。

基础知识

电动助力转向系统（EPS）是一种直接依靠电动机提供辅助力矩的动力转向系统，如图47-1所示，EPS 主要由力矩传感器、车速传感器、电动机、减速机构和电子控制单元（ECU）等组成。EPS 通过一个电动机产生转向助力，并将其力矩施加到转向柱或转向器上。因此该系统还需要附加的齿轮传动机构（如蜗轮蜗杆）来连接电动机和现有的转向组件。

汽车转向时，力矩传感器检测转向盘的力矩和转动方向，将这些信号输送到电控单元，电控单元根据转向盘的转动力矩、转动方向和车速等数据向电动机发出信号指令，使电动机输出相应大小及方向的力矩以产生转向辅助力。

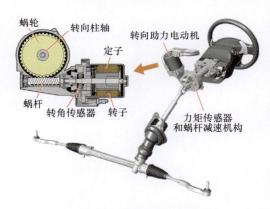

图47-1　电动助力转向系统

实际操作

转向器总成的拆卸方法如下：

1) 转动转向盘，使车轮保持在正前方位置，拔下点火钥匙，使转向盘锁止。
2) 拧松前车轮固定螺栓。
3) 举升车辆，拆卸前车轮。
4) 拆卸转向横拉杆球头销与转向节的固定螺母，如图47-2所示。
5) 使用专用工具（球头销分离器）顶出横拉杆球头，如图47-3所示。

图 47-2　拆卸固定螺母

图 47-3　顶出横拉杆球头

6) 拆卸转向轴与转向器的连接螺栓，脱开转向万向节，如图 47-4 所示。

7) 使用套筒拆下转向器与车身的安装螺栓，如图 47-5 所示。

图 47-4　脱开转向万向节

图 47-5　拆下转向器安装螺栓

8) 从车辆右侧取下转向器总成。

1. 电动助力转向系统主要由哪些部件组成。
2. 电动助力转向系统的工作原理是怎样的？
3. 怎样拆卸转向器总成？

第 48 天　汽车制动系统概述

1. 了解传统液压制动系统的组成和工作原理。
2. 学习行车制动系统和驻车制动系统的基本结构。

一、制动系统的组成与工作原理

汽车的制动系统主要包括行车制动系统和驻车制动系统。制动系统由制动踏板、真空助力器、制动主缸、比例阀、盘式制动器、制动轮缸（盘式或鼓式制动器）、驻车制动器、制动软管和管路等组成，如图 48-1 所示。

制动系统的工作原理如图 48-2 所示。当踩下制动踏板时，在杠杆作用下，顶杆被推入制动助力器；助力器利用真空给顶杆提供助力并将这一力传给制动主缸，由此在主缸中产生液压压力；液压压力由制动液通过制动管路传递到各车轮制动器；车轮制动器利用这一压力将摩擦元件（制动衬块或制动蹄）压到与车轮一起旋转的部件（制动盘或制动鼓）上，从而使车轮的转动变慢或停止。

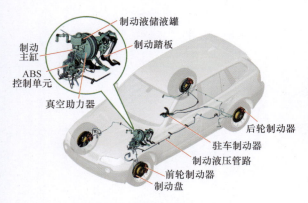

图 48-1　制动系统的组成

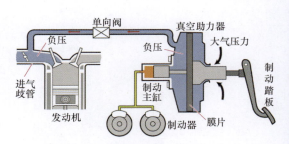

图 48-2　制动系统的工作原理

二、制动系统的基本结构

行车制动系统的基本结构见表 48-1；驻车制动系统的基本结构见表 48-2。

表 48-1　行车制动系统的基本结构

部件名称	示意图	说明
1. 行车制动系统		它是由驾驶员用脚来操纵的，故又称脚制动系。它的功用是使正在行驶中的汽车减速或在最短的距离内停车。系统通常采用 X 形交叉管路，这样就避免了因一处制动液泄漏而导致主、副制动回路均不能工作的情况
2. 制动踏板		它是驾驶员进行制动时的施力装置，该力转换成液压，作用在制动液压系统上，最终通过制动器产生制动效果。制动力的大小取决于驾驶员踩在制动踏板上的力，在保养维护时必须检查踏板的自由行程、高度和行程余量
3. 制动助力器		制动助力器通常利用发动机进气管的真空为力源，对液压制动装置进行加力。如果真空助力器失效，液压系统仍旧具备制动功能，但由于缺少真空助力，需要更大的踏板制动力

(续)

部件名称	示意图	说 明
4. 制动主缸		它是汽车行车制动系统当中的主要控制装置。当驾驶员踩下脚踏板时，脚的施力会使制动主缸内的活塞将制动液往前推并在管路中产生压力。压力经由制动液传送到每个车轮的制动轮缸，使制动器产生摩擦力来降低车轮的转速
5. 盘式制动器		制动盘固定在车轮上，随车轮转动。制动钳上的两个摩擦片分别装在制动盘的两侧，制动轮缸的活塞受油管输送来的液压作用，推动摩擦片压向制动盘发生摩擦制动，工作起来就好像用钳子钳住旋转中的盘子，迫使它停下来一样
6. 鼓式制动器		一般用于后轮（前轮用盘式制动器），现在鼓式制动器的主流是内张式，它的制动蹄位于制动鼓内侧，在制动的时候制动蹄向外张开，摩擦制动鼓的内侧，达到制动的目的。轿车的驻车制动器一般安装在制动鼓内，组合在后轮制动器上

表 48-2　驻车制动系统的基本结构

部件名称	部件名称	说 明
1. 驻车制动系统总体结构		驻车制动又俗称为"手刹"，其作用是保证汽车长时间可靠地停驻原地，使汽车不溜车。汽车上普遍应用车轮驻车制动器，且与行车制动装置共用一套制动器，结构简单紧凑
2. 驻车制动器结构		驻车制动时，向上拉动驻车制动操纵杆，制动拉索通过驻车制动杠杆和驻车制动推杆将行车制动器的前制动蹄压靠到制动鼓上，同时通过驻车制动杠杆和支承销将后制动蹄压靠到制动鼓上，产生制动作用

你学会了吗？

1. 汽车制动系统由哪些部分组成？
2. 行车制动系统的基本结构是怎样的？
3. 驻车制动系统的基本结构是怎样的？

第 49 天　盘式制动器

 学习目标

1. 了解盘式制动器的结构特点和工作原理。
2. 学会检查和更换前轮制动摩擦片。
3. 掌握制动盘的检查与更换方法。

 基础知识

汽车盘式制动器的结构和工作原理如图 49-1 所示，它主要由制动卡钳、制动器摩擦片、制动盘、轮缸活塞等组成。制动盘用合金钢制造并固定在车轮上，随车轮转动。盘式制动器通过制动管路利用来自主缸的液压力推动活塞，使制动摩擦片夹紧制动盘的两侧并使轮胎停止转动。盘式制动器分为定钳式和浮钳式两种。浮钳式是仅在制动钳的一侧附着活塞，活塞用作液压力。如果推动制动器摩擦片时，制动钳就向活塞相反方向滑入，并且从两侧推动制动衬块夹往制动盘，使车轮停止旋转。

盘式制动器具有散热快、重量轻、构造简单、制动力大的优点，特别是高负载时耐高温性能好，制动效果稳定。

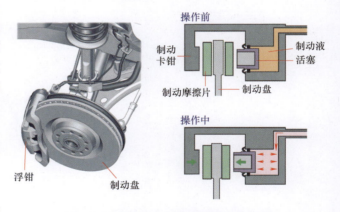

图 49-1　盘式制动器的结构和工作原理

 实际操作

一、前制动片的更换

当前轮制动片的厚度低于 2mm 或制动片发生损坏时，按如下方法进行更换：
1）拧松车轮螺栓。
2）举升车辆，拆卸前车轮。

3）旋出导销螺栓1，向上翻开制动卡钳2，如图49-2所示。
4）拆卸内外侧前制动摩擦片，如图49-3所示。

图49-2　翻开制动卡钳

图49-3　拆卸前制动片

5）清洁并检查前制动摩擦片的状况。

特别提示

在制动卡钳被翻开后，切勿踩制动踏板，以免制动活塞脱出。

6）使用前制动轮缸活塞回位工具1使活塞回位，如图49-4所示。
7）取下活塞回位工具。
8）安装新的制动摩擦片弹性保持夹。
9）安装新的前制动摩擦片2。
10）把制动卡钳翻回来，并拧紧卡钳固定螺栓。
11）安装完成后，检查导销防尘罩是否安装到位。

提示

①安装完成后，在发动机运转时将制动踏板多次用力踩到底，踩制动踏板5～10次，确认制动系统工作正常；②检查制动液液位是否正常。

二、制动盘的检查与更换

1）拧松前车轮螺栓。
2）举升车辆，拆卸前车轮。
3）拆卸前制动摩擦片。
4）检查制动盘的端面跳动量，如图49-5所示。方法如下：
① 清洁制动盘表面。
② 将磁性百分表支架固定在转向节或减振器的平面上，将百分表测量头置于距离制动盘外边缘大约10mm的地方。
③ 把百分表安装在磁性百分表支架上。
④ 缓慢转动制动盘，检查端面跳动量。
⑤ 前制动盘端面的跳动量应该小于0.1mm，如超出规定范围应进行检修或更换。
5）检查制动盘的厚度。如图49-6所示，使用千分尺检查制动盘的厚度，同一圆周上的最大厚度差应≤0.01mm。如果厚度低于磨损极限（如20mm），则更换制动盘。

图 49-4　安装新的前制动片　　　　图 49-5　检查制动盘端面跳动量

6) 更换制动盘（如有需要）。方法如下：
① 拆卸制动卡钳的 2 个固定螺栓，取下制动卡钳。
② 用车轮螺栓将轮毂固定工具紧固在制动盘上，使之不能转动。
③ 如图 49-7 所示，用十字螺钉旋具拆卸制动盘定位螺栓，取下制动盘。
④ 按相反的顺序安装新的制动盘。

图 49-6　检查制动盘厚度　　　　图 49-7　拆卸制动盘定位螺栓

　你学会了吗？

1. 盘式制动器是哪些部件组成？它是怎样工作的？
2. 盘式制动器的优点有哪些？
3. 怎样检查和更换前轮制动摩擦片？
4. 怎样检查和更换制动盘？

第 50 天　鼓式制动器

学习目标

1. 了解鼓式制动器的结构和工作原理。
2. 掌握制动蹄的检查和更换方法。

　基础知识

鼓式制动器的结构和工作原理如图 50-1 所示。典型的鼓式制动器主要由底板、制动鼓、制动蹄、制动轮缸（分泵）、回位弹簧、定位销等零部件组成。底板安装在车轴的固定位置上，它是固定不动的，上面装有制动蹄、轮缸、回位弹簧、定位销，承受制动时的旋转力矩。鼓式制动器的旋转元件是制动鼓。制动时，制动蹄在制动轮缸中液压的推动下向外扩张，外表面的摩擦片压靠到制动鼓的内圆柱面上，对鼓产生制动摩擦力矩。当松开制动踏板时，到轮缸上的液压力消失，回位弹簧的力拉动制动蹄片，离开制动鼓的内表面并将返回到原位。此外，后轮鼓式制动器上还设置了驻车制动机构。

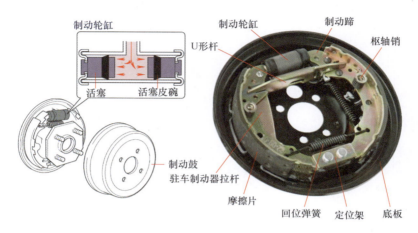

图 50-1　鼓式制动器的结构和工作原理

实际操作

对于鼓式制动器最常见的维修工作是更换制动蹄。一些鼓式制动器的背面提供了一个检查孔，可以通过这个孔查看制动蹄上还剩下多少材料。当摩擦材料已磨损到距铆钉只剩下 0.8mm 长时，应更换制动蹄。如果摩擦材料是与后底板粘合在一起的，则当剩余的摩擦材料仅为 1.5mm 厚时，应更换制动蹄。

后轮鼓式制动器制动蹄的更换方法如下：
1）举升车辆并拆下后轮。
2）松开驻车制动器，并拆下制动鼓。
3）用钳子旋转制动蹄上的枢轴销，取出限位弹簧座和枢轴销，如图 50-2 所示。
4）拆下下回位弹簧，并从轮毂上拆下制动蹄总成。
5）拆下上回位弹簧，并拆解制动蹄总成。
6）如图 50-3 所示，从驻车制动杆上断开驻车制动器拉索，并拆下制动蹄。
7）将 U 形夹、波形垫圈和枢轴销拆下，并从制动蹄上拆下驻车制动器拉杆。
8）将驻车制动杆安装在后制动蹄上，并用枢轴销、波形垫圈和新的 U 形夹将其固定。牢牢夹住 U 形夹以免其脱落。
9）将驻车制动拉索连接到驻车制动器拉杆上。
10）在滑动表面涂抹钼化物润滑脂，并清除多余的润滑脂。
11）将自调节器和自调节器弹簧安装在前制动蹄上。
12）用 U 形夹、调节螺栓和上回位弹簧组装制动蹄。

 图50-2 拆下限位弹簧座和枢轴销
 图50-3 断开驻车制动器拉索

13）将制动蹄顶部敲入制动轮缸活塞，制动蹄底部敲入定位板，将制动蹄总成安装在底板上，如图50-4所示。

14）推动弹簧并转动弹簧座以安装枢轴销并固定夹持器弹簧。

15）安装下回位弹簧，如图50-5所示。

 图50-4 安装制动蹄总成
 图50-5 安装下回位弹簧

16）安装制动鼓。

> **注 意**
>
> 安装制动鼓前，清理后轮毂和制动鼓内侧的接合面。

17）清理制动鼓和车轮内侧之间的接合面，然后安装后轮。

18）踩下制动踏板数次，以确保制动器工作并设定自调节制动器。

> **注 意**
>
> 更换制动蹄组件后，立即使用制动器，可能需要一个较大的踏板行程。踩下制动踏板数次将使踏板行程恢复正常。

19）调节驻车制动器。

你学会了吗？

1. 鼓式制动器由哪些部件组成？它是怎样工作的？
2. 怎样检查和更换后轮制动蹄片？

第 51 天　制动系统的维修操作

1. 掌握制动系统液压管路的排气方法。
2. 学会驻车制动器的检查与调整方法。
3. 掌握驻车制动拉索的更换方法。

一、制动系统的排气

1）在下列情况下制动系统的液压管路需要进行排气：
① 制动管路系统零件拆装或者更换后。
② 制动系统中有空气，制动踏板发软。
③ 制动系统渗漏造成制动液缺失。
④ 更换制动液后。

排气顺序左前轮、右后轮、左后轮、右前轮。

2）常规液压制动管路的排气步骤如下：
① 确保储液罐中的制动液液位在 MAX 线处。
② 起动发动机，先反复踩制动踏板，将踏板踩到底并施加稳定的压力。
③ 如图 51-1 所示，将透明塑料管的一端接到排气螺栓上，另一端插入干净容器中，然后拧松排气螺栓，可见制动液夹杂着气泡从塑料管中流出，随即拧紧排气螺栓。
④ 重复以上排气过程，直到排出的制动液中不再出现气泡为止，再按照排气顺序对其他车轮制动器进行排气。
⑤ 当制动管路排气完成后，起动发动机，检查制动踏板的行程，如果踏板行程较长或者踩制动踏板感觉无力，重新进行常规排气操作。

二、驻车制动器的检查与调整

1. 驻车制动器的检查

1）用 196N 的力拉动驻车制动器拉杆（驻车操纵手柄）以完全施加驻车制动力。驻车制动器拉杆应该在规定的"咔嗒"声次数内锁止。

拉杆锁止时发出"咔嗒"声的次数为 6~8 次。

2）如果"咔嗒"声的次数不在规定范围之内，调整驻车制动器。

2. 驻车制动器的调整

1）将驻车操纵手柄放在最低位置。

2）拆下中央扶手箱。

3）如图 51-2 所示，旋松驻车制动调整螺母，直至后驻车制动拉索与驻车手柄平衡器为松弛状态。

图 51-1　制动系统的排气

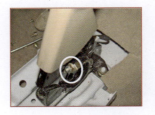

图 51-2　驻车制动调整螺母

4）起动发动机，深踩制动踏板总成 5~10 次。

5）旋紧驻车制动调整螺母，使后驻车制动拉索与驻车手柄平衡器连接绷紧。

6）旋紧驻车制动调整螺母，拉起驻车制动手柄至 6~8 齿（"咔嗒"声发出 6~8 次），实现 20% 坡度驻车。

7）调整完成后，将驻车操纵手柄总成放在最低位置，举升车辆检查左右侧后车轮是否可以转动自如。

8）安装中央扶手箱。

三、驻车制动拉索的更换

具体步骤如下：

1）将车辆推到举升机上升起，将后轮和后制动鼓拆下。

2）拉紧驻车操纵手柄 3 次，将驻车操纵手柄放在最低位置。

3）拆卸中央扶手箱。

4）如图 51-3 所示，拧松驻车制动拉索，将后拉索的两个端头从平衡块中取下来。

5）如图 51-4 所示，拆下驻车制动拉索的固定螺栓或将拉索从支架上拉出。

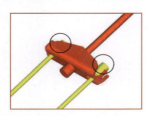

图 51-3　拧松驻车制动拉索

图 51-4　拆卸驻车制动拉索

6）如图 51-5 所示，用尖嘴钳将驻车制动拉索卡夹拆卸下来。

7）如图 51-6 所示，用尖嘴钳将拉索的末端从驻车制动器拉杆的凹槽中拆下。

8）用手将驻车拉索从后制动器中拉出，然后用手握住驻车制动拉索的前端将驻车制动拉索拉出。

9）按相反的顺序安装新的驻车制动拉索。

图 51-5　拆卸拉索卡夹

图 51-6　断开驻车制动拉索

你学会了吗？

1. 怎样对常规液压制动系统进行排气？
2. 怎样检查和调整驻车制动器？
3. 怎样更换驻车制动拉索？

第 52 天　电子驻车制动系统

学习目标

1. 了解电子驻车制动系统的功能、结构和工作原理。
2. 学习迈腾车电子机械式驻车制动系统的故障检修方法。

基础知识

电子驻车制动系统简称 EPB，俗称"电子手刹"，是指将行车过程中的临时性制动和停车后的长时性制动功能整合在一起，并且由电子控制方式实现停车制动的技术。它的工作原理与机械式驻车制动相同，均是通过制动片与制动盘或制动鼓产生的摩擦力来达到控制停车制动。拉起电子驻车制动按钮"P"时，后轮制动器上的 EPB 电动机驱动器通过一个螺杆来驱动螺母，将旋转运动转换成直线运动进而推动螺母，螺母再通过制动卡钳活塞来推动摩擦片，夹紧制动盘。

电子驻车制动从基本的驻车功能延伸到自动驻车功能（AUTO HOLD）。驾驶员要停下车辆时，只需按下 AUTO HOLD 按钮，即可实现自动驻车。开启自动驻车制动的情况下，车辆起动时，电控驻车制动器自行松开，这能避免车辆在坡道起步时向后溜车。

迈腾轿车的电子机械式驻车制动系统如图 52-1 所示。

EPB 通过内置在其控制单元中的纵向加速度传感器来测算坡度，从而可以算出车辆在斜坡上由于重力而产生的下滑力，控制单元通过电动机对后轮施加制动力来平衡下滑力，使车辆能停在斜坡上。当车辆起步时，控制单元通过离合器位置传感器以及节气门门的开度来测算需要施加的制动力，同时通过高速 CAN 与发动机控制单元通信来获知发动机牵引力的大小。控制单元自动计算发动机牵引力的增加，相应地减少制动力。当牵引力足够克服下滑力时，控制单元驱动电动机解除制动，从而实现车辆顺畅起步。

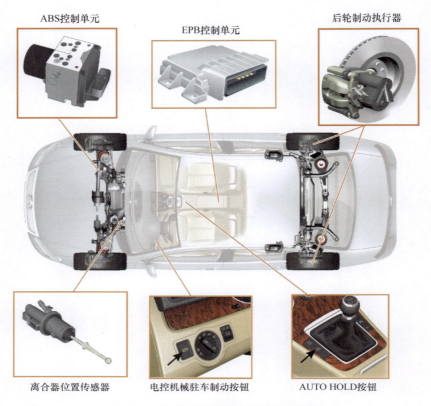

图 52-1　迈腾电子机械式驻车制动系统

维修案例

以下介绍迈腾右后轮电子驻车制动器偶尔失效的故障维修方法。

故障现象：一辆迈腾 1.8T 轿车在行驶途中遇到红灯时使用驻车制动，当释放电子驻车制动开关后起步时，发现仪表板上的电子驻车制动故障警告灯点亮，驻车警告灯闪烁，电子驻车制动开关警告灯闪烁，右后轮电子驻车制动器未释放。

电子驻车制动系统的电气原理图如图 52-2 所示，系统电路如图 52-3 所示。

故障诊断与排除：

1）利用 VAS5051 检查电动驻车制动系统中的故障码，有如下三个：

03200——电子驻车制动器按钮开关 E538 故障；

02435——控制单元右侧通道供电电压断路/对地短路；

02442——操作单元功能灯断路/对地短路 偶然。

2）经检查确认故障现象为右后轮电子驻车制动未释放。

3）根据故障码与故障现象，认定 EPB 系统存在故障，故障可能的原因如下：

① EPB 控制单元 J540 与右后轮电子驻车制动电动机 V283 的连接线束断路或短路。

② 右后轮电子驻车制动电动机 V283 失效。

③ 电子驻车制动控制单元 J540 供电和搭铁线路。

④ 电子驻车制动控制单元 J540 控制单元本身故障。

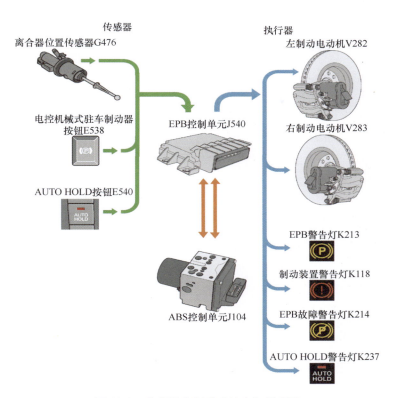

图 52-2　电子驻车制动系统电气原理图

4）按下电子驻车制动开关时，测量 J540 控制单元 T30/12 与 T30/27 之间的电压为 0V，测量右后轮驻车制动电动机 V283 两端子 T2ao/1 与 T2ao/2 的电阻约 0.5Ω；给 V283 两端施加 12V 电压，电动机能正常运转，说明 V283 工作正常。

5）分别测量控制单元 J540 端子 T30/12 与电动机 V283 端子 T2ao/1、T30/27 与 T2ao/2 之间的导线电阻均为 0.05Ω，表明 J540 与 V283 之间的连接线路正常。

6）检查熔丝 SD2、SC29、SC30 未熔断，分别检查控制单元 J540 端子 T30/13、T30/15、T30/22 与搭铁线间的电压为 12.5V，分别测量 SD2 与 T30/22、SC29 与 T30/13、SC30 与 T30/15 之间的导线电阻为 0.05Ω，表明供电线路正常。

7）分别测量控制单元 J540 端子 T30/28、T30/30 与车身搭铁之间的电阻均为 0.05Ω，表明 J540 搭铁线正常。

8）怀疑 J540 存在故障，于是采用替代法更换 J540 试验，故障现象已消除，但把本车的 J540 安装到其他车上试验电子驻车制动工作也正常；于是把原车的 J540 装回到原车上，故障现象也消除了，由此可判定 J540 并未损坏，只是系统线路有松动现象。

9）采用振动法进行故障模拟试验，晃动与右后轮电子驻车制动工作相关的连接导线、插座。当轻轻摇动熔丝 SC29 时，发现该熔丝松动。拆卸 SC29 熔丝后检查发现该熔丝插座有一插脚已向两侧开裂，利用专用退线工具重新处理该插脚后，故障未再发生。

由于 SC29 是为右后轮驻车制动电动机 V283 提供工作电源的，当该熔丝接触不良时，将导致电动机 V283 无法正常工作。

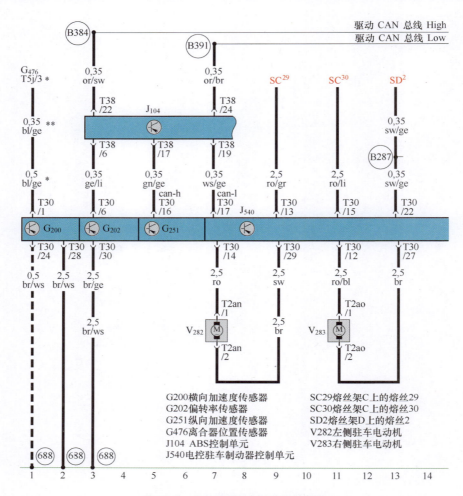

图 52-3 电子驻车制动系统电路图

你学会了吗?

1. 电子驻车制动系统具有哪些功能?
2. 电子驻车制动系统由哪些部件组成?它是怎样工作的?
3. 怎样检修迈腾轿车的电子机械式驻车制动系统故障?

第 53 天 前 悬 架

学习目标

1. 了解汽车悬架系统的作用和麦弗逊式前悬架的结构特点。
2. 学会独立拆装前减振器总成。
3. 学习三角臂及球头销的检修方法。

汽车悬架系统的作用是传递作用在车轮和车架之间的力矩，并且缓冲由不平路面传给车架或车身的冲击力，并衰减由此引起的振动，改善乘坐舒适性。悬架一般由弹性元件、减振器、导向机构和横向稳定杆组成。

麦弗逊式独立前悬架的结构如图53-1所示。麦弗逊式悬架由螺旋弹簧、减振器、三角形下摆臂和横向稳定杆组成。每个三角下摆臂由两个钢板冲压件焊接而成，螺旋弹簧和筒式减振器连成一起，形成悬架的弹性支柱。支柱的上端与车身挠性连接，下端安装在转向节上。下摆臂固定在前副车架上。副车架通过4个连接点固定在车身上，主要承受施加至控制臂的各种力和发动机的重量。横向稳定杆通过两个弹性橡胶圈与副车架铰接，稳定杆的两端通过连接杆与左、右减振器筒体上的耳环连接。

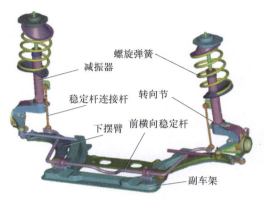

图 53-1　麦弗逊式独立前悬架的结构

由于麦弗逊式悬架的结构简单、紧凑，占用空间小，有良好的操纵稳定性，因而广泛应用在轿车的前悬架上。

一、前减振器总成的拆装

具体的步骤如下：

1）举升车辆，然后拆下前轮。
2）将车轮转速传感器从转向节上拆下。不要断开车轮转速传感器插接器。
3）从减振器上断开稳定杆连接杆，如图53-2所示。
4）如图53-3所示，从减振器上拆下车轮转速传感器卡扣、车轮转速传感器撑条和制动软管托架。不要断开车轮转速传感器插接器。

图 53-2　断开稳定杆连接杆

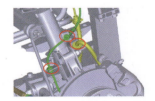

图 53-3　拆下卡扣和制动软管托架

5）从减振器上拆下减振器夹紧螺栓和自锁螺母，如图53-4所示。
6）如图53-5所示，拆下减振器上安装点处的盖子。
7）拆卸减振器上端与上支座的安装螺栓，分离减振器与车身。

图 53-4 拆下减振器夹紧螺栓

图 53-5 拆卸减振器安装螺母

8）拆下前减振器支柱总成。
9）按照与拆卸相反的顺序安装前减振器总成。
10）检查车轮定位，如有必要，进行调整。

二、三角臂及球头销的检修

三角臂（三角形下摆臂）既是前轮定位及受力的重要部件，又是前悬架导向部件，因此应重点检修。当三角臂出现裂纹、变形或有损坏痕迹时，应予以更换。

检查球头销能否自由转动，检查主销螺杆是否受损，必要时，应予以更换。当更换三角臂总成或三角臂球形接头时，必须借助新的球销接头检查转向节球销接头孔的孔径，一旦发现孔径出现变大、失圆、松旷等现象，则需要更换转向节。球头销除了承受垂直和横向载荷外，还起支点作用，使汽车转向时车轮能够转动。因此，球头销工作一段时间后会磨损。当球头销磨损严重时，会使间隙增大，导致前轮定位失准、方向不稳、轮胎发生异常磨损，因此对球头销的磨损情况应严格检查。对于拆卸的球头销，可检查其表面磨损情况及其配合情况。

检查三角臂弹性铰接和中心衬套，如孔径明显变大或变形，则应该更换新的三角臂弹性铰接和中心衬套。

你学会了吗？

1. 汽车悬架系统的作用是什么？它由哪些部分组成？
2. 麦弗逊式独立前悬架的结构是怎样的？有什么特点？
3. 怎样拆卸和安装前减振器总成？
4. 怎样检修前悬架三角臂及球头销？

第54天 后 悬 架

学习目标

1. 了解扭转梁式复合悬架的结构特点和工作原理。
2. 掌握扭转梁式悬架后减振器总成和螺旋弹簧的拆装方法。
3. 掌握独立悬架后减振器总成的拆装方法。

基础知识

后悬架是车身与后轮间的弹簧和减振器组成的整个支撑系统。中小型轿车常采用扭转梁（扭力梁）式复合悬架。如图 54-1 所示，它主要由后扭力梁总成、后减振器柱总成、后螺旋弹簧组成。这种悬架具有结构简单、易于布置、重量轻、成本较低的优点。

扭转梁式后悬架的主要结构为一根整体的 U 形断面横梁，然后在其两端焊接上变截面的管状纵臂形成一个整体构架（后轴体）。在纵臂的前端通过橡胶-尼龙支承与车身做铰式连接，纵臂的后端与轮毂、减振器相连。当汽车行驶时，车轮连同后轴体相对车身以橡胶-尼龙支承为支点做上下摆动。当两侧悬架变形不等时，则后轴体的 U 形断面横梁发生扭转变形，因该横梁有较大的弹性，它起横向稳定器的作用，使一侧车轮的跳动基本不影响另一侧车轮。

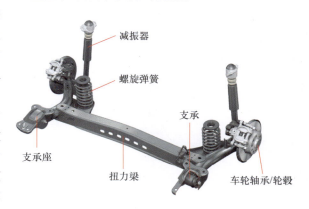

图 54-1　扭转梁式后悬架

实际操作

一、后减振器总成和螺旋弹簧的拆装（扭转梁式悬架）

大众速腾轿车后减振器总成和螺旋弹簧的拆装方法如下：

1）松开车轮螺栓。
2）升高汽车，拆下后车轮。
3）拆下后轮罩外壳。
4）拆卸螺旋弹簧。方法如下：
① 装入弹簧压紧装置 1 和弹簧支架 2，如图 54-2 所示。
② 压缩螺旋弹簧，直至能将其取出。
5）拧出减振器 2 的上部安装螺栓 1，如图 54-3 所示。

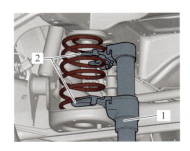

图 54-2　压缩螺旋弹簧

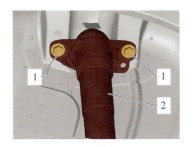

图 54-3　拧出减振器上安装螺栓

6）拧下螺母 1，取出后桥承重梁和减振器 3 的连接螺栓 2，如图 54-4 所示。

7）取出后减振器总成。

8）安装大体以倒序进行，安装时只有当后悬架处于空载位置（轮毂中心与轮罩下沿之间的距离为379mm±10mm）时，才允许将减振器拧紧到后桥承重梁上。安装螺旋弹簧时必须注意下列事项：

① 检查弹簧垫圈是否有损伤，必要时更换垫圈。

② 将垫圈装在螺旋弹簧下部，弹簧端部（箭头）必须位于下弹簧垫圈的限位位置，如图54-5所示。

图54-4　拧出减振器下安装螺栓　　　图54-5　下弹簧垫圈限位位置

③ 将弹簧连同弹簧垫圈一起装入。

④ 下弹簧垫圈中有一个定位销，将定位销安装在后桥承重梁的弹簧支座（箭头）的钻孔内，如图54-6所示。

⑤ 上弹簧垫圈安装在上部弹簧末端，弹簧垫圈凸缘（箭头）必须正确地紧贴在螺旋弹簧上，如图54-7所示。

⑥ 拧松螺旋弹簧，同时将上弹簧垫圈安装在车身的凸耳上。

⑦ 取出弹簧张紧装置。

图54-6　下弹簧垫圈定位销　　　图54-7　上弹簧垫圈限位位置

二、后减振器总成的拆装（独立悬架）

1）举升车辆，将安全支架置于正确位置以支撑车辆。

2）拆下后轮。

3）从轴臂两侧拆下车轮转速传感器撑条。

4）如图54-8所示，将千斤顶置于轴臂两侧下弹簧座之下，举升千斤顶直到悬架开始压缩。

5）从两侧拆下连接轴臂和减振器的减振器安装螺栓。

6）从行李舱侧装饰件上拆下装饰盖，露出减振器上安装点。

7）如图54-9所示，用扳手固定减振器轴，拆下自锁螺母。
8）从减振器顶部拆下减振器安装垫圈和减振器安装橡胶。

图54-8 拆卸减振器下安装螺栓

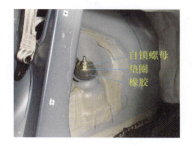

图54-9 拆卸减振器上安装螺母

9）用手压缩减振器单元，并将其从车中取出。
10）拆下减振器安装橡胶。
11）按相反的步骤进行安装。

1. 扭转梁式后悬架的主要结构是怎样的？
2. 怎样拆装扭转梁式悬架的后减振器总成和螺旋弹簧？
3. 怎样拆装独立悬架的后减振器总成？

第55天　车轮与轮胎

学习目标

1. 了解车轮的作用、结构以及不同胎压下轮胎与地面的接触情况。
2. 掌握轮胎换位的一般方法。
3. 学会使用车轮动平衡机给车轮做动平衡。

一、车轮的作用与组成

车轮是汽车行驶系中极其重要的部件之一，它具有如下作用：
1）支承整车的重量，包括在汽车上下运动时产生的惯性动载荷。
2）缓和由路面传给车体的冲击力，起"减振器"的作用。
3）借助轮胎和路面之间的摩擦作用，产生驱动力和制动力，同时还产生平衡汽车侧向力的地面侧向反作用力，保证汽车行驶时的横向稳定性。
4）承担跨越障碍的作用，保证汽车的通过性。
如图55-1所示，车轮总成由轮胎、轮辋、气门嘴、车轮螺栓和平衡重块组成，有的车轮还在气门嘴处安装了胎压监测模块。轮胎安装在轮辋上,并通过气压压紧在轮辋内壁。

轮胎上还有磨损指示器,用来显示胎面花纹的磨损量。胎面磨损过量时,就会露出横贯胎面的斑条。磨损指示器可以提醒车主和维修技师需要换轮胎了。通常当胎面花纹深度到达1.6mm以下时,就会露出磨损指示器。

轮胎生产厂家在所生产的轮胎侧壁上都印有与轮胎相关的重要信息,这些信息包括制造厂家名称、生产日期、轮胎类型、负荷范围、轮胎尺寸和轮胎编号等。轮胎侧壁信息中的一组重要参数就是轮胎尺寸了。例如,图55-2中的"215/55R18 95V",215代表胎面宽度是215mm,55表示轮胎断面的扁平比是55%,即断面高度是宽度的55%,R表示子午线轮胎结构,轮辋直径是18in,轮胎负荷指数95(表示每个轮胎最大载荷为690kg),速度级别是V级(表示最高安全极速为240km/h)。

图55-1 车轮总成
1—轮胎 2—气门嘴 3—轮辋 4—车轮螺栓
5—平衡重块 6—快速夹紧装置固定销孔

图55-2 轮胎尺寸参数

二、轮胎与地面的接触情况

当今轿车基本采用无内胎轮胎。胎压不同时,轮胎与地面的接触情况如图55-3所示。合适的轮胎气压和正确的驾驶习惯对轮胎的使用寿命有着重要的影响,不但实现了车辆的乘坐舒适性、稳定性和操纵性,并且降低了胎面磨损,延长轮胎寿命,避免轮胎损伤。超载、超速和不必要的紧急制动都会加剧轮胎的磨损。

图55-3 轮胎与地面的接触情况

一、轮胎换位方法

由于汽车在行驶过程中,前后轮的载荷、受力以及功能不同,因而汽车轮胎的磨损不同,为保持同一台车的轮胎磨损均匀，延长轮胎的使用寿命，并使寿命趋于一致，轮胎应定期换位。建议每 5000～8000km 换位一次。

通常情况下前轮比后轮的磨损更快，因此必须进行轮胎换位。轮胎的换位可以按照图 55-4 所示的方法循环进行，轮胎换位后应该重新调整胎压至规定值。

二、车轮动平衡

车轮动态平衡是指车轮中心面两边的重量分布都相等，使轮胎在旋转过程中，总成不会产生从中心面一边移到另一边的倾向。一般情况下，车辆在较高速行驶时，如果出现车轮抖动、转向盘振动现象，则极有可能是由于车轮动态不平衡导致的。因此，上述情况发生时，最好的办法就是做车轮动平衡。车轮动平衡方法如下：

1）对被测车轮进行清洁，去掉泥土、砂石，拆掉旧平衡块。
2）将轮胎充气至规定值。
3）将车轮安装到动平衡机上并锁紧。
4）打开电源开关，检查指示装置是否指示正确。
5）键入轮辋直径、宽度，测出轮辋边缘到机箱之间的距离并键入。
6）放下防护罩，按下起动键，开始测量。
7）当车轮自动停转后，从指示装置读出车轮内、外动不平衡重量和位置。图 55-5 表示轮辋内侧需要增加 5g 的铅块重量。

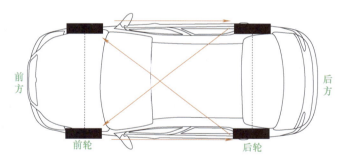

图 55-4 轮胎换位的方法

图 55-5 动平衡测量数值显示

8）用手慢慢旋转车轮，当动平衡机指示装置发出信号时，停止转动车轮。
9）将动平衡机显示的动不平衡重量按内、外位置，置于轮辋边缘正上方并装卡牢固。
10）重新起动动平衡机进行动平衡试验，直至动不平衡量小于 5g，机器显示合格为止。
11）取下车轮，关闭电源，测试完毕。

你学会了吗？

1. 车轮总成由哪些部分组成？起什么作用？
2. 不同胎压下轮胎与地面的接触情况是怎样的？
3. 车辆行驶一定里程数后，怎样进行轮胎换位？
4. 怎样使用动平衡机给车轮做动平衡？

第56天 车轮的定位

1. 了解车轮定位的作用，车轮定位内容和各定位项目的作用。
2. 学会检查和调整汽车的前轮前束。
3. 学会车轮外倾角的调整方法。

车轮定位就是汽车的每个车轮、转向节和车桥与车架的安装应保持一定的相对位置。车轮定位参数包括前轮定位参数和后轮定位参数。前轮定位参数包括前轮前束、前轮外倾、主销后倾、主销内倾4个参数；后轮定位参数包括后轮外倾角和后轮前束。车轮定位的主要作用是保持车辆直线行驶的稳定性，保证车辆转弯时转向轻便，且使转向轮自动回正，减少轮胎的磨损。

1. 车轮前束

如图56-1所示，车轮前束是指从车辆顶部位置观察，车轮向内（或向外）转动的角度。同一轴上两个车轮的前端距离与后端距离之差叫做前束值，前束角的实际值通常不到1°，而只有几分。车轮前端内收时，前束为正；车轮前端外张时，前束为负。前束为正时，左右两个前轮形成一个开口向后的"八"字形。

前束的作用是确保两侧车轮平行滚动。前束还可弥补车轮向前滚动时车轮支撑系统发生的少量偏移，即如果车辆静止时将车轮设置为正前束，当车辆运动时，车轮将平行滚动。如果前束调整不当将导致轮胎过早磨损以及转向不稳。

2. 车轮外倾角

如图56-2所示，车轮外倾角是指从车辆正前方观察时车轮偏离垂直方向的角度，倾斜量为偏离垂直方向的角度数。外倾角设定值影响方向控制和轮胎磨损。车轮顶部向外倾斜时，外倾角为正（+）；车轮顶部向内倾斜时，外倾角为负（-）。

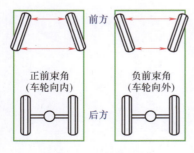

图56-1 车轮前束

图56-2 车轮外倾角

车轮外倾的作用是提高转向操纵的轻便性和车轮行驶的安全性。前轮外倾与主销内倾相配合能使汽车转向轻便。正外倾角过大将导致轮胎外侧过早磨损及悬架部件过度磨损。负外倾角过大将导致轮胎内侧过早磨损及悬架部件过度磨损。两侧的外倾角相差1°或以上会导致车辆跑偏至正外倾角较大的一侧。

3. 主销后倾

如图56-3所示，主销安装到前轴上，且其后上部略向后倾，称为主销后倾。从垂直线向后倾斜叫做正主销后倾，而向前倾斜则叫做负主销后倾。

主销后倾影响转向机构的方向控制，但是不影响轮胎的磨损。主销后倾的作用是增加汽车直线行驶时的稳定性和在转向后使前轮自动回正。

4. 主销内倾

如图56-4所示，主销安装到前轴上，且其后上部略向内倾，称为主销内倾。主销内倾的作用是使车轮转向后能自动回正，且操纵轻便。

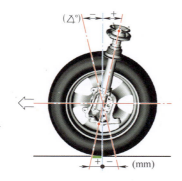
图56-3 主销后倾

图56-4 主销内倾

主销内倾角越大或转向轮偏转角越大，汽车前部就被抬起的越高，转向轮自动回正的作用就越大。主销后倾与主销内倾都有使汽车转向后自动回正、保持汽车直线行驶的作用，二者的主要区别在于主销后倾的回正作用与车速有关，而主销内倾的回正作用与车速无关。高速时后倾的回正作用大，低速时主要靠内倾的回正作用。直线行驶时车轮偶尔遇到冲击而偏转时，也主要靠主销内倾的回正作用。

实际操作

一、前轮前束的检查和调整

前轮前束的检查和调整方法如下：

1）将转向柱放置在倾斜和收缩的中间位置。将转向盘辐条置于中间，并握住。

2）使车轮朝向正前方并检查前束，如前束值不在规定范围内，则进行调整。

前轮前束参考标准为0±3mm。

3）如图56-5所示，用扳手固定转向横拉杆接头的平面部分B，松开转向横拉杆锁紧螺母A，转动转向横拉杆C直到前束在规定范围内。

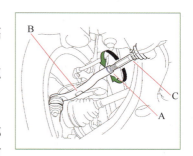
图56-5 前轮前束的调整

4）调整后，紧固转向横拉杆锁紧螺母至规定力矩。如果齿条接头防尘罩被扭曲或移位，则重新放置。

> **注 意**
>
> 检查前轮前束前，应调整好车轮外倾角；同时将左右轮反向调节相同的数值，以获得正确的前束。

二、车轮外倾和主销后倾的调整

车轮外倾和主销后倾的调整方法要视车型而定。由于车轮外倾或主销后倾被调整后，前束会发生变化，在车轮外倾或主销后倾调整后必须对前束再进行检查。

1. 车轮外倾单独调整

对于某些车型，转动减振器滑柱上的调整螺栓就可以改变其车轮外倾角（图56-6）。经调整后，如果测量值还不在规定范围内，则需要用一个或两个车轮外倾调整螺栓来取代原来的减振器滑柱安装螺栓。调整螺栓的一小段是没有螺纹的，而且直径是变化的，以用于车轮外倾的调整，这种类型的调整通常在麦弗逊滑柱式前悬架上使用。

2. 主销后倾单独调整

通过用支撑杆的螺母或间隔垫圈，改变下摇（摆）臂与支撑杆之间的距离来调节主销后倾。这种类型的调整通常在滑柱式悬架上或者在双摇臂悬架上使用。支撑杆位于下摇摆臂的前面或后面。

3. 同时调整车轮外倾和主销后倾角

1）偏心凸轮式安装螺栓位于下摇臂的内侧接头上，旋转该螺栓移动下球头节的中心，使其倾斜并调节车轮外倾和主销后倾。这种调整方法通常在滑柱式悬架上或在双摇臂悬架上使用。

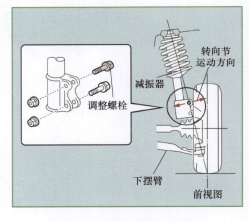

图56-6 车轮外倾角的调整

2）调整下摇臂上的安装螺栓改变下摇臂安装角并且还改变下球头节的位置，这种调整方法通常在滑柱式悬架或双摇臂悬架上使用。

3）用增加或减少垫片数量或厚度来改变上摇臂安装角，也就是上球头节位置。这种调整方法通常在双摇臂悬架上使用。

> **你学会了吗?**
>
> 1. 什么是车轮定位？车轮定位的作用是什么？
> 2. 前轮定位包括_____、_____、_____和_____。
> 3. 怎样检查和调整前轮前束？
> 4. 怎样调整车轮外倾和主销后倾？

第57天 四轮定位仪的操作

学习目标

1. 了解四轮车轮定位的作用及组成。
2. 学习四轮定位仪的使用方法。

基础知识

四轮定位仪可用于检测汽车车轮定位参数，并与原厂设计参数进行对比，指导使用者对车轮定位参数进行相应调整，使其符合原设计要求，以达到理想的汽车行驶性能，是一种可减少轮胎偏磨损的精密测量仪器。四轮定位仪由四轮定位仪主机、传感器机头、夹具、机械转角盘（或电子转角盘）、转向盘固定架、制动踏板固定架等组成。

出现以下任何情况时，车辆需要进行四轮定位：

① 轮胎出现异常磨损，如轮胎单侧磨损或出现凹凸状、羽毛状磨损。
② 转向时转向盘太重、太轻以及快速行驶时转向盘发抖。
③ 车辆更换轮胎、转向节以及减振器等悬架系统配件后。
④ 车辆发生碰撞事故后。
⑤ 当汽车行驶 10000km 或新车行驶 3000km 后。

实际操作

四轮定位仪的使用方法如下：

1) 操作前的准备工作包括以下内容：
① 检查车辆悬架装置、车轮轴承、转向系统等没有不允许存在的间隙和损坏。
② 检查轮胎。同一个车轿上的轮胎胎纹深度最多允差 2mm，轮胎充气压力合乎规定。
③ 车辆装备为全装置重量。
④ 锁紧转角盘、滑板，然后将车辆停放到举升器上，前轮压在左右转角盘中心，车辆中心与举升器中心重合。
⑤ 汽车驶入后，松开转角盘、滑板的锁紧限位装置，使其可以自由转动或移动，屏幕显示如图 57-1 所示。然后安装转向盘固定架和制动踏板固定架。

2) 操作步骤及项目如下：
① 按顺序将四个传感器安装在轮辋上，并与电脑建立数据连接。
② 将传感器左右晃动，直到传感器调整至水平位置后锁止（水平时，传感器上的指示灯由两侧的红灯亮变为中间的绿灯亮，屏幕显示如图 57-2 所示）。
③ 将四轮定位仪主机开机，进入测试程序，首先输入被检车型、年份。
④ 用举升机举起车身，取下制动踏板固定架，使车轮悬空并可以自由旋转。
⑤ 偏心补偿：按图 57-3 屏幕提示，顺时针旋转车轮 90°，调整机头水平并锁紧，按下机头上的"OK"按键，照此完成 180°、270°、360° 操作，即可完成一个车轮的偏心补偿测量，

在旁边会显示其参数，其余车轮依此操作。

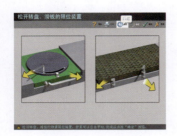

图 57-1　松开锁紧限位装置

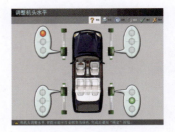

图 57-2　传感器调平显示

> **注　意**
>
> 放下车身时，切记不要转动车轮，应保证每个车轮维持在补偿完成时的方位。

⑥ 放下车身，使四轮着地，晃动车身，使车轮紧贴地面，偏心补偿操作完毕。

⑦ 根据电脑屏幕所示，将前轮左转一定角度后回正，电脑显示色变浅（OK）；回正后再向右转同样多的角度（OK）。

⑧ 如图 57-4 所示，前轮回正后，电脑屏幕显示车辆前束、主销后倾、车轮外倾、推进角的标准值和实测值。红色箭头表示实测值超出标准值范围，应进行调整。

图 57-3　车轮偏心补偿　　　　　图 57-4　四轮定位参数显示

⑨ 对不符合要求的项目进行调整。如不知调整方法可在电脑中调出；如调整无效，说明零件变形，应更换。

⑩ 各项均符合要求后，再次晃动车身，转动车轮后检测，各项仍均符合技术要求时，检测结束。

你学会了吗？

1. 四轮定位仪的作用是什么？
2. 四轮定位仪由哪些部件组成？
3. 怎样使用四轮定位仪对车辆进行四轮定位？

第五章
汽车空调维修必知必会

空调系统常见故障的检查与排除

第 58 天 汽车空调系统概述

1. 了解汽车空调系统的作用、组成和基本工作原理。
2. 了解汽车空调系统的功能和特点。

一、空调系统的作用与组成

汽车空调用于调节车内空气温度、湿度、流速、流向和空气清洁度，为乘员创造一个比较舒适的车内环境。汽车空调系统按照功能分为五个子系统：制冷系统、加热系统、送风系统、操纵控制系统和空气净化系统。空调系统的组成如图 58-1 所示。

图 58-1 空调系统的组成

空调系统主要具有制冷和暖风功能，汽车空调系统的冷气和暖气最终通过图 58-2 所示的送风系统送入车内。

二、空调系统的基本工作原理

我们知道许多物质都具有三态：固态、液态、气态，其转变过程如图 58-3 所示。一种物质在三态变化时，将伴随着吸收或释放热量。液态变为气态（蒸发）时吸收热量；气态变为液态（冷凝）时释放热量。汽车空调系统的制冷原理就是利用制冷剂由液态转变为气态或气态转变为液态的过程，吸收或释放热量的。

空调系统利用空气的热传递效应将空气中的热量向低温处传播。当蒸发器处于低温时，会吸收外部热量，以制冷剂作为传导介质被压缩机抽走。制冷剂经压缩机压缩后温度上升，高温制冷剂流进入冷凝器内，通过电子风扇向外界排放热量，降低温度，然后经节流膨胀作用生成低温制冷剂流入蒸发器，整个工作循环不断地抽取车内的热量，从而达到降温效果。

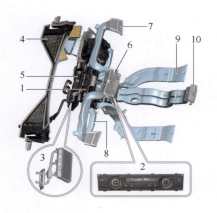

图 58-2 空调送风系统

1—空调总成 2—空调操作面板 3—暖风热交换器 4—新鲜空气进气装置 5—除霜出风口 6—前部中央通风出风口 7—前部侧面通风出风口 8—前部脚部空间出风口 9—后座脚部空间空气通道 10—后座中央通风出风口

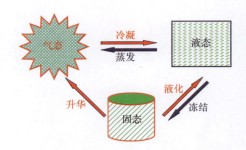

图 58-3 物质的三态转变

三、空调系统的功能和特点

1）汽车空调系统的主要功能如下：

① 空调器能控制车内的气温，既能加热空气，也能冷却空气，以便把车内温度控制在舒适的水平。

② 在湿度较大的阴雨天气或是车内外温差太大时，车内的玻璃上容易起雾，可以通过打开空调除雾功能清除车窗玻璃上的雾。

③ 空调器可吸入新风，以保持车内空气新鲜。

④ 空调器可过滤空气，排除空气中的灰尘和花粉。

2）与一般家用空调相比，汽车空调具有如下特点：

① 空调负荷大，并且负荷变化幅度也大。

② 由于汽车空调的压缩机一般由发动机驱动，而发动机的转速通常在 600~5000r/min 范围变化，因而系统中制冷剂流量的变化幅度大。

③ 制冷剂冷凝温度高。对于大多数车辆来说，冷凝器置于散热器前面，通风冷却效果受发动机散热器辐射热影响，制冷剂的冷凝压力与温度均较高，同时也影响发动机散热器的散热。

④ 制冷剂容易泄漏，对机组的强度、抗振性能要求高。
⑤ 由于汽车结构紧凑，因而空调系统的空间有限，系统元件较难布置。

特别提示

①不要在太阳暴晒下、停车时使用空调，刚上车使用空调时，将风量开关开至最大档，使车内温度迅速下降，在使用变排量空调系统时，不长时间使用最小风量档；②由于夏天时车内的温度比车外温度高很多，刚进入车内的时候，应该先开门窗通风，并开启外循环，把热气都排出去，等车内温度下降之后，再换成内循环；③保持冷凝器表面干净，使冷凝压力下降，提高制冷效果，保持蒸发器表面干净，使车内空气充分冷却；④不在开着空调的停驶车内长时间休息或睡眠，以免发动机排出的 CO 气体漏入车内引起人员中毒。

你学会了吗？

1. 汽车空调的作用是什么？系统由哪些部分组成？
2. 汽车空调系统的基本工作原理是怎样的？
3. 汽车空调系统的功能和使用特点有哪些？

第 59 天　空调制冷系统

学习目标

1. 了解空调制冷系统的组成和工作原理。
2. 学习空调压缩机离合器的检查和维修方法。
3. 掌握空调压缩机总成的更换方法。

基础知识

空调制冷系统主要由空调压缩机、冷凝器、蒸发器、膨胀阀、储液干燥器、管道、冷凝风扇、鼓风机等组成，如图 59-1 所示。空调制冷剂循环管路分为高压管路和低压管路。

空调制冷系统的工作原理如图 59-2 所示。

空调系统制冷时，压缩机吸入从蒸发器出来的低温低压气态制冷剂，经压缩后，形成高温、高压气态制冷剂。气态制冷剂再经冷凝器进行热交换冷凝后成为中温、高压液态制冷剂，经过储液干燥器吸收潮气和过滤杂质，再经膨胀阀节流降压成为低温、低压气液两相气体进入蒸发器，制冷剂在蒸发器中蒸发成低温、低压气态的同时与蒸发器周围（车内）的空气进行热交换，释放出的冷空气由鼓风机送入车内，降低车内温度。最后制冷剂回到压缩机，这样，制冷剂就经压缩、冷凝、节流膨胀、蒸发而完成一个制冷循环。

发动机通过电磁离合器、曲轴传动带轮与附件传动带驱动压缩机。空调压缩机用冷冻机油润滑，冷冻机油与制冷剂一起在制冷系统内循环。

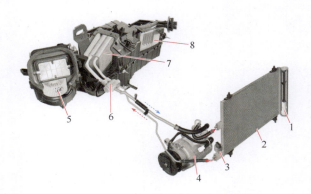

图 59-1　空调制冷系统的组成

1—储液干燥器　2—冷凝器　3—空调压力开关　4—空调压缩机　5—鼓风机　6—膨胀阀
7—蒸发器　8—暖风热交换器（加热器芯）

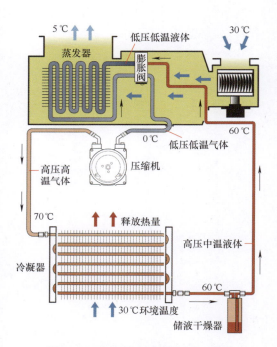

图 59-2　空调制冷系统的工作原理

一、空调压缩机离合器的检查（本田飞度）

1）检查电枢盘是否变色、脱落或有其他损坏。如果有损坏，更换离合器组件。

2）用手旋转转子带轮，检查转子带轮轴承间隙和卡滞情况。同时检查轴承上是否有润滑脂泄漏。如果离合器组件有噪声、卡滞或间隙过大，或离合器表面有轴承油脂污染物，则换上一个新的离合器组件。

3）如图 59-3 所示，测量转子带轮 A 和电枢盘 B 之间的间隙。如果间隙不在规定范围内，拆下电枢盘并根据需要添加或去掉一部分垫片以增加或减少间隙。

间隙参考值为 0.35~0.65mm。

4）如图 59-4 所示，松开托架上的励磁线圈插接器，然后断开。检查热保护装置的导通性，如果不导通，更换热保护装置。

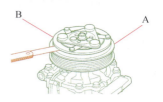

图 59-3　检查离合器间隙

 注　意

热保护装置在 122~128℃ 以上不导通。温度下降至 104~116℃ 以下时，热保护装置导通。

5）如图 59-5 所示，检查励磁线圈的电阻。如果电阻不在规定范围内，更换励磁线圈。励磁线圈电阻在 20℃ 时，应为 3.05~3.35Ω。

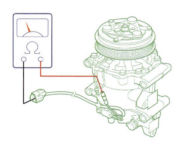

图 59-4　检查热保护装置的导通性

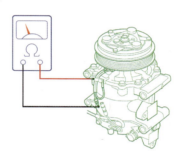

图 59-5　检查励磁线圈的电阻

二、空调压缩机总成的更换

1）用空调制冷剂充放机将制冷剂抽出。

2）断开蓄电池负极电缆。

3）如图 59-6 所示，旋松发电机固定螺栓（箭头 B），然后按逆时针方向旋转传动带调节器调节螺栓（箭头 A），以松开压缩机传动带。

4）将发电机向发动机方向推动至极限位置，并脱开压缩机传动带。

5）如图 59-7 所示，断开压缩机连接插头 1。

6）旋出固定螺栓（箭头），脱开空调压缩机上的制冷剂管路 2。

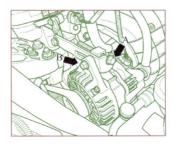

图 59-6　松开压缩机传动带

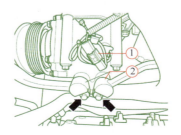

图 59-7　断开压缩机连接

7) 旋出压缩机总成固定螺栓，取下压缩机总成。

1. 汽车空调制冷系统主要由哪些部件组成？
2. 汽车空调系统制冷循环的工作原理是怎样的？
3. 怎样检查空调压缩机离合器？
4. 怎样更换空调压缩机总成？

第 60 天　空调暖风系统

1. 了解空调暖风系统的作用、组成以及工作原理。
2. 学会更换鼓风机电动机、空调滤清器滤芯。
3. 了解空调暖风系统不正常的原因及检修方法。

汽车空调在冬季利用其取暖装置升高车内空气的温度，为乘员提供暖气并用于风窗玻璃除霜和除雾。空调暖风功能由汽车发动机冷却液的余热提供需要的热量。发动机热车以后，打开空调控制面板上的暖风开关，发动机中的冷却液，不断地在空调暖风芯体中循环。鼓风机将经过暖风芯体后的热风源源不断地送进车内。

暖风系统由加热器、连接管、鼓风机、温度混合风门、风门开关（温控旋钮）等组成，其工作原理如图 60-1 所示。暖风系统用加热器引进发动机冷却液，较热的发动机冷却液流经加热器，使加热器升温。鼓风机吹送空气流过加热器（温度混合风门处于红线位置），加热器

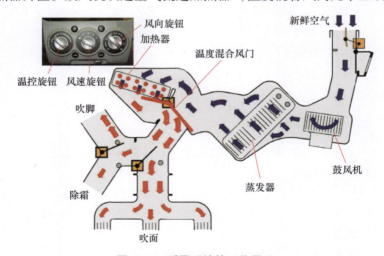

图 60-1　暖风系统的工作原理

出来的空气是热空气。经过蒸发器、加热器处理后的空气，按驾驶员或空调 ECU 指定的送风模式，被分配至指定的出风口。

一、鼓风机电动机的更换

鼓风机不工作，空调系统不送风时应及时更换鼓风机电动机。操作步骤如下：
1）拆卸杂物箱总成（如有需要）。
2）拔下鼓风机、继电器和调速模块的电气插头，如图 60-2 所示。
3）如图 60-3 所示，拔下鼓风机冷却风管（如有配备）。
4）如图 60-4 所示，按下锁扣，顺时针旋转鼓风机，抽出鼓风机电动机。如果鼓风机是用螺钉固定的，则拧松各个螺钉。

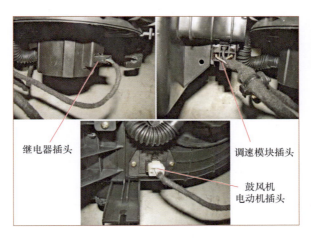

图 60-2　拔下鼓风机电气插头

图 60-3　拔下鼓风机冷却风管　　　图 60-4　取下鼓风机电动机

5）换上新的鼓风机电动机后，按照与拆卸相反的顺序安装。

二、空调滤清器滤芯的更换

空调滤清器滤芯脏污时，应及时对其进行更换。其安装位置因车型的不同而不同，有的车型是安装在车前部的通风饰板处，大部分的车型则是位于前排乘客侧的杂物箱位置。有的只需打开杂物箱盖，有的则需要拆下杂物箱才能更换空调滤芯。

如图 60-5 所示，从仪表台下部拆下杂物箱，拆下空调滤清器盖，拉出空调滤清器，然后换上新的空调滤清器滤芯。

图 60-5　更换空调滤芯

> **提　示**
>
> 空调滤清器盖上有一个"UP（向上）"的箭头表示正确的安装方向。

三、暖风系统不正常的原因及检修

车辆暖风系统无暖风送出或送风不热，一是发动机冷却系统造成的，二是暖风控制机构工作不良导致的。在维修时，先要判定是哪种原因引起的，再进行相应的维修。判别的方法很简单，看一下加热器芯的两个进水管温度，如果两根管都够热，说明是风量控制机构的问题。如果两根水管温度低，或者是一根热一根冷，说明是冷却系统的问题。冷却系统可能出现的问题如下：

1）节温器常开或节温器开启过早，使冷却系统过早地进行大循环，而外部气温很低，特别是车跑起来时，冷风很快把防冻液冷却，发动机水温上不来，暖风也不会热。

2）水泵叶轮破损或转速低，使流经加热器芯的流量不够，热量不达标。

3）发动机冷却系统有气阻，气阻导致冷却系统循环不良，造成水温高，暖风不热。如果冷却系统总有气，很可能是气缸垫有破损向冷却系统窜气所致。如果加热器芯的进水管很热，而出水管较冷，这种情况应是加热器芯有堵塞，应更换加热器芯。

汽车的暖风是利用鼓风机把加热器芯的热量吹入乘员舱的，如果风量不够或冷热风分配不好，使加热器芯的热量散发不出来，也会造成暖风的温度上不来。这时先要检查空调滤清器是否脏污堵塞，进行清理，必要时要及时更换滤芯。再检查鼓风机的各档位运转情况，如果旋钮调整到暖风位置，风量够大，风向也正常，吹出来的是冷风，应检查暖风箱冷热风的控制翻板拉索是否脱落、暖风叶轮是否损坏、翻板是否脱落等。

> **你学会了吗？**
>
> 1. 空调暖风系统的作用是什么？由哪些部件组成？
> 2. 怎样更换空调鼓风机电动机？
> 3. 怎样更换空调滤清器滤芯？
> 4. 暖风系统不正常的原因有哪些？怎样检修？

第 61 天　手动空调控制系统

1. 了解手动空调系统的特点和空调控制面板的操作方法。
2. 学习手动空调控制系统的组成和电路原理。

一、手动空调控制面板

手动空调需要驾驶员手动开启空调系统，调整进气方式、出风温度和送风模式。某车型的手动空调控制面板如图 61-1 所示，控制面板上有空调开关按键（A/C）、后除霜按键、空气循环拨杆、温度控制旋钮、风量控制旋钮、送风模式旋钮等。空气循环拨杆用来改变进气模式，即进入空调系统的是车外新鲜空气还是车内空气；风量控制旋钮用来调节鼓风机的转速，一般有四个档位；送风模式包括吹面、吹脚、除霜等模式。

图 61-1　手动空调控制面板

二、空调系统重要控制部件

1. A/C 开关

A/C 开关用来开启或关闭空调。按下 A/C 开关时，12V 电压信号或接地信号通过空调压力开关发送至发动机 ECU 或空调控制器，在条件满足时，发动机 ECU 或空调控制器接通压缩机工作电路。

2. 蒸发器温度传感器

如图 61-2 所示，蒸发器温度传感器位于空调单元中蒸发器芯体的出口侧，传感器探头安装在蒸发器箱体上，导线穿过箱体。它的塑料部分成锯齿状，可牢固安装在翅片上。

蒸发器温度传感器是 NTC（负温度系数）型传感器，其作用是提供蒸发器排气口温度的输入给空调控制器。当蒸发器出口温度大于 5℃时制冷系统可以继续运行，当蒸发器出口温度下降到 1～2℃时，自动切断压缩机工作电路，防止蒸发器结霜。

3. 制冷剂压力开关

制冷剂压力开关又称空调压力开关，是手动空调控制电路中的重要元件。如图 61-3 所示，空调压力开关安装在制冷循环管路的高压侧，有的是安装在储液干燥器上，有的是安装在高压管路中。

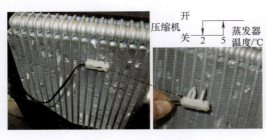

图 61-2 蒸发器温度传感器

图 61-3 空调压力开关

空调压力开关是一个压力保护开关，车上常用的是三态压力开关，由高低压开关和一个中压开关组成。三态压力开关的插口处引出四根线，连接电路如图 61-4 所示。

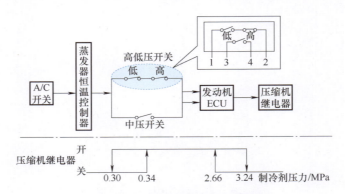

图 61-4 三态压力开关的工作原理

（1）高低压开关

高低压开关监测制冷系统高压侧与低压侧的制冷剂压力。高低压侧压力开关均为常闭开关，与 A/C 开关串联，当压力过高或过低时，开关断开切断空调请求信号，从而阻止压缩机工作，保护空调系统。

（2）中压开关

中压开关是常开开关。当制冷剂压力上升，使中压开关闭合时，信号输出至发动机 ECU，控制散热器风扇和冷凝器风扇高速运转，增加冷却效果，降低高压管路压力，防止系统压力继续上升。如制冷剂压力为 1770kPa 时，冷凝器风扇将高速运转。

4. 压缩机热保护开关

热保护开关一般位于压缩机的底座上，这个保护开关用于保护压缩机免受内部摩擦的损坏。这个开关检测压缩机壳体的温度，一旦壳体温度达到预设的数值，压缩机离合器电路就会被切断。由于热保护开关是和压缩机离合器串联的，所以一旦压缩机壳体温度低于预设的数值，压缩机就会再次得到供电。

三、手动空调控制系统电路图

某车型的手动空调控制系统电路如图 61-5 所示。该手动空调控制系统主要由空调风速开关（风量控制旋钮）、鼓风机继电器、鼓风机、调速电阻、A/C开关、三态压力开关、蒸发器温度传感器、发动机ECU、压缩机继电器和压缩机离合器等组成。开启空调系统之前应先打开空调风速开关以开启鼓风机。当按下A/C开关时，空调请求信号经三态压力开关到达发动机ECU端子75，由ECU端子69控制压缩机继电器接地，接通压缩机离合器电路。

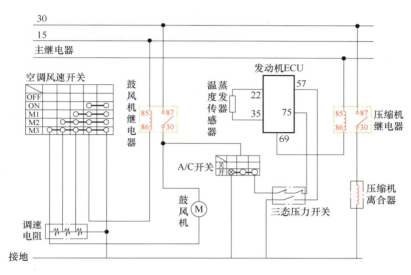

图61-5　手动空调控制系统电路图

1. 怎样操作手动空调控制面板？
2. 空调系统重要控制部件有哪些？各起什么作用？
3. 手动空调控制系统的电路原理是怎样的？

第62天　自动空调控制系统

1. 熟悉自动空调控制面板，了解自动空调控制系统的组成和工作原理。
2. 学习自动空调控制系统故障的诊断方法。

基础知识

　　自动控制空调能根据驾驶员所设定的温度不断检测车内、外温度，以及太阳辐射等车内、外环境的变化，自动调节鼓风机转速、进气模式、工作模式，控制压缩机的运行等，保持车内温度和湿度在设定范围内，获得最佳的舒适性。

　　吉利帝豪自动空调系统的控制面板如图62-1所示。

图 62-1　吉利帝豪自动空调控制面板

1—OFF 按钮　2—风量调节旋钮　3—除霜按钮　4—送风模式按钮　5—后除霜按键　6—内循环按键
7—空调开关　8—外循环按键　9—自动按键　10—温度设置按钮

如图 62-2 所示，自动空调系统在手动空调的基础上增加了控制器总成、执行器和传感器。驾驶员通过操作控制器总成上的按键或旋钮来选择空调系统的工作模式、风速和设定室内温度，控制器收到指令后，驱动相应的执行器来完成动作，同时将空调系统的工作状态显示在显示屏上。

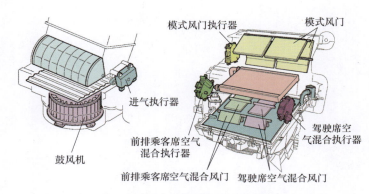

图 62-2　自动空调控制系统的组成

按下控制面板上的"AUTO"按键，空调控制器进入自动控制状态。自动空调系统工作时，根据驾驶员的预设温度，自动开启空调压缩机或暖风装置，调整鼓风机的转速、空气的内外循环模式和送风模式。自动空调系统的核心部件是空调 ECU（控制器），它接收空调系统的相关信息如车内外温度、蒸发器温度、系统压力等，根据这些信息来控制空调执行器动作，满足车内的设定温度。

维修案例

以下介绍起亚 k5 空调不制冷的故障维修方法。

故障现象： 起亚 k5 轿车的自动空调系统不制冷。

故障诊断与排除：

1) 使用空调系统自诊断功能进行检测，空调 ECU 显示没有故障码，排除空调 ECU 控制部件故障。

2) 使用 GDS 检测数据流：空调压力电压 0V；空调压力 0lbf/in^2（1lbf/in^2 = 6.895kPa）；打开空调系统时，空调压缩机处于 OFF 状态，PCM 没有接收到 APT 传感器压力信号。

3) 如图 62-3 所示，检测 PCM 插头 CHG-K 的 54 针脚，电压为 0V。空调压力传感器插头

E19 的 2 针脚（灰/黑线）到 EC11-57 针脚线路断路，PCM 没有接收到空调压力传感器压力信号，PCM 没有对 CHG-K 的 50 针脚进行占空比控制，压缩机不工作空调不制冷。

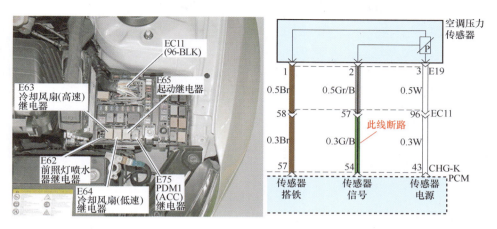

图 62-3　线路断路处

4）更换发动机舱熔丝盒及线束，再次使用 GDS 检测数据流：空调压力电压 1.9V；空调压力 154lbf/in^2；空调压缩机处于 ON 状态，PCM 接收到空调压力传感器压力信号，PCM 控制压缩机工作，空调制冷恢复正常。

你学会了吗?

1. 自动空调系统的控制面板包括哪些部件？
2. 自动空调控制系统系统由哪些部件组成？它是怎样工作的？

第 63 天　空调系统抽真空

学习目标

1. 掌握歧管压力表与空调系统制冷管路的连接方法。
2. 掌握空调制冷系统的抽真空方法。

实际操作

在拆卸或维修汽车空调系统制冷管路的某些部件后，加注制冷剂前，需要先抽走制冷系统中的空气和水分。抽真空的设备为真空泵或汽车空调制冷剂回收加注机。空调制冷系统抽真空的方法步骤如下：

1）放出或回收空调制冷剂。

2）如图 63-1 所示，分别连接进排气歧管压力表的高低充气软管，高压充气软管（红色）接空调制冷系统的高压维修阀，低压充气软管（蓝色）接低压维修阀。

3）将歧管压力表中间那一根软管接到真空泵或加注机上。

4）开启真空泵，然后打开歧管压力表吸入一侧的阀门，如在系统内没有任何堵塞，那么，在高压表上就有显示，在这种情况出现时，打开进排气歧管仪表的的另一侧阀。

5）只要不存在泄漏现象，大约10min之后，两个压力表显示98.70～99.99kPa的真空。

6）抽真空时间总共必须持续15min。

7）继续进行抽真空直至压力表上显示98.70～99.99kPa的真空，然后关闭两个阀。

8）拆掉接在真空泵上的软管，取下空调歧管压力表。

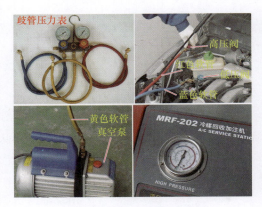

图63-1 空调制冷系统抽真空

你学会了吗?

1. 维修空调制冷系统后要进行抽真空的原因是什么？
2. 空调制冷系统抽真空的方法步骤是怎样的？

第64天 制冷剂的加注

学习目标

1. 了解R134a空调制冷剂的特点。
2. 掌握从空调系统高压端加注制冷剂的操作方法。
3. 掌握从空调系统低压端加注制冷剂的操作方法。

基础知识

当制冷系统抽真空达到要求，且经检漏确定制冷系统不存在泄漏部位后，即可向制冷系统加注制冷剂。加注前，先确定加注制冷剂的数量，加注数量过多或过少，都会影响空调制冷效果。压缩机的铭牌上通常都标有所用制冷剂的种类及加注量，现代的汽车空调普遍采用R134a制冷剂，加注量通常为500～600g。R134a制冷剂的优点如下：

1）R134a制冷剂的标准蒸发温度为-26.5℃，具有安全性好、无色、无味、不燃烧、毒性小、化学性质稳定的特点。

2）R134a制冷剂潜热大、热容大，具有良好的制冷能力。

3）R134a制冷剂黏度低、流动性好。

4）R134a制冷剂对臭氧层无破坏作用，且泄漏时容易检测。

5）R134a制冷剂对金属腐蚀性较小，稳定性高，不溶于水。

6）R134a制冷剂的凝固点较低，适合低温工作。

实际操作

加注制冷剂时可采用高压端加注或低压端加注，加注方法分为高压端加注和低压端加注。

一、高压端加注制冷剂

从空调高压管路的维修阀加注时，充入的是制冷剂液体，特点是安全快速，适用于制冷系统的第一次加注（经检漏、抽真空后的系统加注）。但用该方法时必须注意，加注时不可开启压缩机（发动机停转），且制冷剂罐要求倒立。操作方法如下：

1）当系统抽真空后，关闭歧管压力表上的手动高、低压阀。

2）将中间软管的一端与制冷剂罐注入阀的接头连接打开制冷剂罐开启阀，再拧开歧管压力表软管一端的螺母，让气体溢出几秒钟，然后拧紧螺母。

3）拧开高压侧手动阀至全开位置，将制冷剂罐倒立。

4）从高压侧注入规定量的液态制冷剂。关闭制冷剂罐注入阀及歧管压力表上的手动高压阀，然后卸下仪表。从高压侧向系统加注制冷剂时，发动机处于非工作状态（压缩机停转），不要拧开歧管压力表上的手动低压阀，以防产生液压冲击。

二、低压端加注制冷剂

从空调低压管路的维修阀加注时，充入的是制冷剂气体，特点是加注速度慢，可在系统补充制冷剂情况下使用。操作方法如下：

1）将歧管压力表与高低压维修阀和制冷剂罐连接好。

2）打开制冷剂罐，拧松中间注入软管在歧管压力表上的螺母，直到听见有制冷剂蒸气的流动声，然后拧紧螺母，从而排出注入软管中的空气，如图64-1所示。

图64-1 打开制冷剂罐并排出空气

3）打开手动低压阀，让制冷剂进入制冷系统。当系统压力达到0.4MPa时，关闭手动低压阀。

4）起动发动机，接通空调开关，并将鼓风机开关和温控开关都调至最大。

5）再打开歧管压力表上的手动阀，让制冷剂继续进入制冷系统，直至加注剂量达到规定值。

6）向系统中加注规定量制冷剂后，观察视液窗，确认系统内无气泡、无过量制冷剂。随后将发动机转速调至2000r/min，将鼓风机风量开到最高档，若气温为30~35℃，则系统内低压侧压力应为0.147~0.192MPa，高压侧压力应为1.37~1.67MPa。

7）加注完毕后，关闭歧管压力表上的手动低压阀，关闭装在制冷剂罐上的注入阀，使发动机停止运转，从维修阀上卸下歧管压力表。动作要迅速，以免过多的制冷剂泄出。

① 从高压侧加注制冷剂时，禁止起动发动机，以防压缩机产生液压冲击。

② 从高压侧加注制冷剂时，应将制冷剂罐倒立；从低压侧加注时，将制冷剂罐竖起或倾斜放置。

③ 未装注入阀前，先将阀针上升到最高位置，然后将板状螺母也升到最高位置。

④ 把制冷剂注入阀装在制冷罐顶部，然后顺时针转动板状螺母，使之与罐顶上的螺母连接，将注入阀固定在制冷剂罐的顶部。

⑤ 顺时针转动手把，阀针向下运动，将罐头处刺破。然后再将手把逆时针转动，使阀针抬起，同时，打开歧管压力表相连的手动阀，此时，可向制冷系统加入制冷剂。

⑥ 加注完毕后，关闭歧管压力表上的手动低压阀，关闭装在制冷剂罐上的注入阀。

1. 现代的汽车空调普遍采用_____制冷剂，加注量通常为_____g。
2. 怎样从空调系统高压端加注制冷剂？
3. 怎样从空调系统低压端加注制冷剂？
4. 空调系统加注制冷剂的注意事项有哪些？

第 65 天　冷冻机油的加注

1. 了解冷冻机油在制冷系统中所起的作用。
2. 学习冷冻机油油量的检查方法和冷冻机油的添加方法。

冷冻机油是制冷式压缩装置的专用润滑油，是决定和影响制冷系统的制冷功能和效果的重要因素。冷冻机油在制冷系统中所起的作用如下：

1）润滑摩擦面，使摩擦面完全被油膜分隔开来，从而降低摩擦功、摩擦热和磨损。

2）冷冻机油的流动带走摩擦热，使摩擦零件的温度保持在允许范围内。

3）在密封部位充满油，保证密封性能，防止制冷剂的泄漏。

4）油的运动带走金属摩擦产生的磨屑，起到清洗摩擦面的作用。

一、冷冻机油的注意事项

使用冷冻机油要注意以下事项：

1）必须使用与原车空调系统相同型号的冷冻机油，禁止使用不同型号、品牌的冷冻机油。

2）冷冻机油吸附水分能力极强，加注或更换时，操作必须迅速；在加注后应立即将存储冷冻机油容器的盖子盖好，并密封，不得有渗漏现象。

3）不能使用过期的冷冻机油。

4）按照规定用量加注冷冻机油，过度加注会降低制冷效果。

5）制冷剂回收时要缓慢进行，以免冷冻机油和制冷剂一起排出。

二、冷冻机油油量的检查

空调压缩机冷冻机油过多或过少都会对空调制冷效果产生影响，其油量的检查方法一般有以下三种：

1）观察视镜。通过压缩机上安装的视镜玻璃，可观察冷冻机油的油量，如果压缩机冷冻机油的液面达到观察高度的80%位置，一般认为是合适的，如果液面在这个界限之下，则应添加冷冻机油；如果在这个位置之上，则应放出多余的冷冻机油。

2）观察油尺。未装视镜玻璃的压缩机，可用油尺检查其油量。这种压缩机有的只有一个油塞，油塞下面有的装有油尺，有的没有油尺，需要另外用专用油尺插入检查。观察液面的位置是否在规定的上下限之间。

3）观察储液罐玻璃观察孔，如图65-1所示。开启空调系统，查看储液罐玻璃观察孔处的制冷剂通过情况，如果观察孔的玻璃上有条纹状的油渍，说明冷冻机油量过多。此时应从系统内释放一些冷冻机油，再加入适量的制冷剂。

三、添加冷冻机油

汽车制冷系统在一般情况下，冷冻机油的消耗量少，可以两年更换一次，添加时一定要保证使用同一牌号的冷冻机油，因为不同牌号的冷冻机油会生成沉淀物。更换任何部件或发生大量制冷剂泄漏后，需要向压缩机中添加冷冻机油，添加方法有以下两种：

图65-1 储液罐玻璃观察孔

1）直接加入法。将冷冻机油按标准称量好，直接倒入压缩机内，这种方法只在更换蒸发器、冷凝器和干燥器时用。

2）真空吸入法。添加冷冻机油可在抽真空后进行，操作步骤如下：

① 按抽真空的方法先对制冷系统抽真空。

② 选用一个带有刻度的注油器，其上面有一个加油螺塞和一个放油阀，加入比要补充的冷冻机油量还要多一些的冷冻机油。

③ 将注油器接在表阀的低压接口和空调制冷系统低压检修阀之间。

④ 开启真空泵，打开歧管压力表上的高压手动阀，然后打开注油器的上放油阀，补充的冷冻机油就从制冷系统的低压侧进入压缩机，当冷冻机油油量达到规定量时，停止真空泵，关闭放油阀。

⑤ 拆下注油器，把低压软管接在制冷系统的低压气门阀上，接着对系统进行抽真空，加注制冷剂。

冷冻机油使用完后，需及时盖严油瓶口，并擦净系统上的油迹。更换新的压缩机时，一般压缩机里面已有冷冻机油,不用再加。

你学会了吗?

1. 冷冻机油在制冷系统中起什么作用?
2. 怎样检查压缩机冷冻机油油量?
3. 怎样添加冷冻机油?

第 66 天　空调制冷系统的检漏

学习目标

1. 了解空调制冷系统重点检查渗漏的部位有哪些。
2. 掌握常见的空调制冷剂检漏方法。

基础知识

制冷剂泄漏是汽车空调系统最常见的故障之一,制冷剂泄漏严重将会导致空调制冷系统不制冷或制冷不足。汽车空调系统工作环境比较恶劣,其制冷系统一直随汽车工作在振动的工况下,极易造成部件、管道损坏和接头松动,使制冷剂发生泄漏。另外每当拆装或检修汽车制冷系统管道、更换零件之后也需要在检修拆装的部位进行制冷剂的泄漏检查。由于制冷剂无色、无味,所以对制冷剂的检漏存在一定的困难,可以采用多种方法,有时也需要借助一些仪器设备。

需重点检查渗漏的空调制冷系统部位包括:

① 各个空调管路接头及阀门连接处,如图 66-1 所示。
② 全部软管,尤其在管接头附近察看有否鼓泡、裂纹、油渍。
③ 压缩机轴封、前后盖板、密封垫、检修阀等处。
④ 冷凝器表面被刮坏、压扁、碰伤处。
⑤ 蒸发器表面被刮坏、压扁、碰伤处,如图 66-2 所示。

图 66-1　检查空调管路接头

图 66-2　蒸发器表面损坏

⑥ 膨胀阀的进出口连接处,膜盒周边焊接处,以及感温包与膜盒焊接处。
⑦ 储液干燥器的易熔塞、视镜、高低压阀连接处。
⑧ 歧管压力表组件(如果安装)的连接头、手动阀及软管处。

目前制冷剂的检漏方法有真空检漏、观察法检漏、肥皂泡沫检漏、卤素检漏灯检漏、电子检漏仪检漏、染料示踪检漏和加压检漏等方法。

1. 真空检漏法

对制冷系统抽真空以后，关闭歧管压力表高低压手动阀，保持系统真空状态一段时间，观察高低压仪表读数是否有变化。如仪表读数缓慢移动渐靠近0，就说明系统某些地方有泄漏，应检查管道接头。做必要的修理后，再次对系统进行抽真空和保压程序，确保整个系统没有泄漏为止。

2. 观察法检漏

观察法检漏是指用眼睛查看制冷系统（特别是制冷系统的管接头）部位有否冷冻机油渗漏痕迹的一种检漏方法。因为制冷剂通常与冷冻机油互溶，所以在泄漏处必然也带出冷冻机油，因此系统管道有油迹的部位就很可能是泄漏点。

3. 肥皂泡沫法检漏

如图66-3所示，肥皂泡沫法检漏就是先向空调制冷系统充入$10 \sim 20 kgf/cm^2$（$1 \sim 2MPa$）压力的氮气或直接用真空泵加压，在怀疑泄漏区域（如管道连接处）涂上肥皂液，如有泄漏，该处必然起肥皂泡。此法简单易行，是目前修理行业经常用的一种方法，但现在汽车各种构件布置得越来越紧凑，形成很多检修死角，用此法不易检查出来。

图66-3　肥皂泡检查空调管路泄漏

4. 电子检漏仪检漏

向空调制冷系统加注制冷剂，使制冷管路中的制冷剂压力高达0.35MPa，然后用电子检漏仪进行检漏，如图66-4所示。方法如下：

1）打开电子检漏仪开关（ON）。

2）调节电子检漏仪直到听到最大警报声，再往回调节直至听到缓慢连续的滴嗒声。

3）开始搜索泄漏。把测针慢慢靠近被检测处的下方，如果检测仪发出警报声，说明此处存在泄漏。

4）将探头置于距检测点大约5mm处，让探头绕接头的整个圆周进行检测。

5）探头沿部件水平移动的速度大约为$25 \sim 50mm/s$。

为防止读数不准确或错误，应确保车辆附近没有制冷剂蒸气、车间化学物或香烟烟雾。应在空气稳定的区域（气流/风速不高）进行泄漏检测。

5. 荧光灯检漏

荧光灯检漏是利用荧光检漏剂在紫外检漏灯的照射下发出亮光的原理，对各类系统中的流体渗漏进行检测的。在使用时，只需将荧光剂按一定比例加入空调制冷系统中，开启空调运行20min后，戴上专用眼镜，用检漏灯照射系统的外部，泄漏处将呈现明亮的黄绿色荧光。如图66-5所示，使用紫外检漏灯在阳光较弱的地方检查空调系统泄漏。

图66-4　电子检漏仪检漏

图66-5　荧光灯检漏

你学会了吗?

1. 对空调制冷管路重点检查渗漏的部位有哪些？
2. 目前常用的制冷剂检漏方法有哪几种？
3. 什么是真空检漏法？
4. 怎样使用肥皂泡沫法检查空调制冷系统泄漏？

第67天　用歧管压力表检查制冷系统

学习目标

1. 了解歧管压力表的结构，学习歧管压力表的使用方法。
2. 了解空调制冷系统正常工作时的压力范围。
3. 学会使用歧管压力表检查空调制冷系统故障。

实际操作

一、连接歧管压力表

如图67-1所示，歧管压力表由两个压力表（低压表和高压表）、两个手动阀（高压手动阀和低压侧手动阀）、三个软管接头（一个接低压工作阀、一个接高压工作阀、一个接制冷剂罐或真空泵吸入口）组成，这些部件都装在表座上，形成一个压力检测装置。歧管压力表的高压表用于检测制冷系统高压侧的压力，低压表用于显示制冷系统低压侧的压力，也用于显示真空度。操作方法如下：

1）务必将歧管压力表的高低压手动阀关牢。

2）将高压充注软管（红色）连接到汽车上的高压维修阀上，将低压充注软管（蓝色）连接到汽车上的低压维

图67-1　歧管压力表的组成和连接

1—低压手动阀　2—低压表　3—高压表
4—高压手动阀　5—低压维修阀
6—高压维修阀　7—充注软管

修阀上。

3）拧松歧管压力表上的螺母，利用冷却液压力排放充注软管（黄色）中的空气，当听到"嘶嘶"声时，立即拧紧螺母。

二、用歧管压力表判断空调系统故障

当车内温度在 30～35℃ 范围，发动机加速到 1500～2000r/min 保持稳定时，将空调调到最冷，同时将风速开到最大，正常情况下，此时歧管压力表的低压侧读数应为 0.15～0.25MPa，高压侧读数应为 1.37～1.57MPa。当系统高压侧和低压侧的压力异常时，应用歧管压力表进行诊断。

对日产 TIIDA（颐达/骐达）轿车的空调制冷系统使用歧管压力表进行检查时，可能的症状见表 67-1。

表 67-1 制冷系统症状诊断表

压力表显示	制冷系统问题	可能的原因	处理方法
高压侧和低压侧的压力都太高	清洗冷凝器后，压力迅速降低	制冷循环中的制冷剂加注过多	减少制冷剂直至获得规定的压力
	冷却风扇的空气吸入量不足	冷凝器制冷性能不足： 1. 冷凝器散热片堵塞 2. 冷却风扇转动异常	- 清洁冷凝器 - 必要时检查并修理冷却风扇
	- 低压管不冷 - 压缩机停止工作后，高压值迅速降低大约 196kPa。此后又逐渐降低	冷凝器内热交换不良（压缩机停止工作后，高压降低过慢） 制冷循环中有空气	反复抽真空并重新加注系统
	发动机有过热的趋势	发动机冷却系统故障	检查并维修发动机冷却系统
	- 低压管路区域的温度低于蒸发器出口附近的温度 - 膨胀阀有时结霜	- 低压侧的液态制冷剂过多 - 制冷剂排出量过多 - 与规定值相比，膨胀阀的开度偏小，膨胀阀调整不正确	更换膨胀阀
高压侧压力太高，低压侧压力太低	冷凝器的上侧及高压侧很热，但是储液罐却不热	压缩机及冷凝器之间的高压管或零部件堵塞或损坏	- 检查、修理或更换故障零部件 - 检查冷冻机油是否被污染

（续）

压力表显示	制冷系统问题	可能的原因	处理方法
高压侧压力太低，低压侧压力太高	压缩机停止工作后，高压侧和低压侧压力很快相等	压缩机加压操作不正常，压缩机内部密封件损坏	更换压缩机
	高压侧和低压侧的温度没有差异	压缩机停止工作后，高压侧和低压侧压力很快相等	更换压缩机
高压侧和低压侧的压力都太低	-储液罐出口与进口间的温差很大，出口处温度太低 -储液罐入口处与膨胀阀处结霜	储液罐内部有点轻微堵塞	-更换储液罐 -检查冷冻机油是否被污染
	-与靠近储液罐的区域温度相比，膨胀阀进口处的温度极低 -膨胀阀进口处可能结霜 -高压侧的某些地方存在温差	位于储液罐与膨胀阀之间的高压管阻塞	-检查并修理故障部件 -检查冷冻机油是否被污染
	用手触摸膨胀阀及储液罐，感觉发温或只是发凉	注入的制冷剂偏少，接头或元件泄漏	检查制冷剂是否泄漏
	膨胀阀本身结霜时，其进口与出口处有较大温差	与规定值相比，膨胀阀的关闭角度较小： 1. 膨胀阀调整不正确 2. 膨胀阀有故障 3. 出口和进口可能阻塞	-用压缩空气清除异物 -更换膨胀阀 -检查冷冻机油是否被污染
	低压管路区域的温度低于蒸发器出口附近的温度	低压管阻塞或破损	-检查并修理故障部件 -检查冷冻机油是否被污染
	气流量不足或太少	蒸发器结冰	-检查温度控制放大器 -更换压缩机 -修理蒸发器散热片 -更换蒸发器
低压侧有时变成负压	-空调系统不起作用，并且不能循环冷却车内的空气 -当压缩机停止工作又重新起动后，系统只连续工作一段时间	制冷剂不能循环排出 湿气在膨胀阀出口及进口处结冰 水与制冷剂混合	-排出制冷剂中的水分或更换制冷剂 -更换储液罐

(续)

压力表显示	制冷系统问题	可能的原因	处理方法
低压侧变成负压 	储液罐或膨胀阀管路的前/后侧结霜或结露	高压侧关闭导致制冷剂不能流动：膨胀阀或储液罐结霜	1. 排出制冷剂中的水分或更换制冷剂 2. 如果是异物造成的，拆下膨胀阀并用干燥的压缩空气清除异物 3. 更换膨胀阀 4. 更换储液罐 5. 检查冷冻机油是否被污染

> **你学会了吗？**
> 1. 歧管压力表由哪些部件组成？怎样连接歧管压力表？
> 2. 怎样使用歧管压力表判断空调系统故障？
> 3. 空调制冷系统正常时的管路压力是多少？

第 68 天　空调系统常见故障的检查与排除

> **学习目标**
> 1. 了解汽车空调系统常见的故障有哪些。
> 2. 学会分析空调系统各种故障的可能原因，掌握其检查与排除方法。

汽车空调的制冷系统本身就是一个比较复杂的系统，它的正常工作还有赖于电气控制系统和通风送风系统的正常工作，加上在汽车上使用的条件也较恶劣，因此相比较而言汽车空调的故障率较高。正确的使用和维护保养对空调系统的正常工作很重要，出现故障后，可参考表 68-1 对空调系统进行一般的分析检查及故障排除。

表 68-1　空调系统常见故障检查与排除

故障现象	可能原因	检查与排除
1. 压缩机不工作	1. 离合器无电源输入或因电器元件接触不良或损坏造成离合器端电压过低 2. 压缩机温度保护器损坏 3. 离合器线圈短路或断路 4. 离合器驱动盘损坏 5. 制冷剂泄漏，空调压力开关保护，切断离合器电源 6. 压缩机传动带过松打滑或断裂	1. 检查空调电路（若因外界气温低，空调系统的低温或低压保护起作用所引起则无需修理） 2. 更换温度保护器 3. 更换离合器 4. 更换离合器 5. 检查并修复漏点，补充制冷剂及冷冻机油 6. 张紧或更换压缩机传动带

(续)

故障现象	可能原因	检查与排除
2. 压缩机异响	1. 离合器接合时打滑 2. 离合器轴承磨损，间隙过大或缺油 3. 压缩机传动带松或磨损引起的打滑 4. 压缩机传动带过紧起的压缩机振动 5. 皮带轮中心线不对线引起压缩机振动 6. 压缩机安装螺栓松动、压缩机支架松动或开裂 7. 液击、系统负荷过大等原因造成压缩机内部零件损坏、咬死	1. 有油渍时则清洗和修理，系统压力太高时检查并排除系统故障 2. 更换离合器 3. 调整传动带张紧力或更换传动带 4. 调整传动带张紧力 5. 重新安装 6. 重新紧固或更换压缩机支架 7. 彻底清洗空调系统、更换压缩机或更换整个系统零件
3. 压缩机不能正常自动停转	1. 压力保护开关坏 2. 蒸发器温度传感器 3. 电路故障	1. 更换压力保护开关 2. 更换蒸发器温度传感器 3. 检查并排除电路故障
4. 压缩机离合器断续结合	1. 电气故障（导线接触不良、电压过低、继电器故障等） 2. 蒸发器温度传感器故障 3. 离合器间隙过大 4. 系统压力过高 5. 系统制冷剂太少 6. 系统内冷冻机油太少，压缩机壳体温度高，温度保护器动作	1. 检查并排除电气故障 2. 更换蒸发器温度传感器 3. 调整离合器间隙 4. 检查并排除系统压力过高故障 5. 检查并排除系统制冷剂太少故障 6. 补加冷冻机油
5. 制冷效果差	1. 门窗未关严或在环境温度较高时长时间使用外循环方式 2. 压缩机内部泄漏（系统高压侧压力过低、低压侧压力过高） 3. 空调系统制冷剂量过大 4. 系统抽真空不彻底，存在有空气（高压表指针剧烈晃动） 5. 冷凝器脏堵 6. 冷凝器冷却风扇不工作或风量较小 7. 因维修原因造成冷冻机油过多 8. 内部零件因杂质进入系统造成异常磨损	1. 关好门窗或更改循环风使用方式 2. 更换压缩机 3. 回收系统中多余的制冷剂 4. 回收制冷剂后重新抽真空、加注制冷剂 5. 清洗冷凝器 6. 修理或更换冷却风扇 7. 排除多余的冷冻机油 8. 更换压缩机
6. 风量异常	1. 鼓风机总成不良 ① 暖气用熔丝熔断 ② 电线断线或连接不良 ③ 暖气开关工作不良 ④ 风扇挂有异物 ⑤ 暖气电阻断线 ⑥ 鼓风机电动机不旋转 2. 暖气电路的电压异常 ① 电压下降 ② 鼓风机电动机异响 ③ 鼓风机电动机旋转不良 3. 空气滤清器堵塞 4. 风量调整不良 ① 暖气开头工作不良 ② 暖气电阻工作不良或断线 ③ 鼓风机电动机旋转不良 5. 蒸发散热片压扁、堵塞 6. 各通风道安装不良 7. 各通风道变形、折扁、弯曲	1. 鼓风机总成不良 ① 更换熔丝（熔丝盒、20A） ② 修理电线 ③ 更换 ④ 清扫后检查鼓风机电动机 ⑤ 更换风扇及电动机总成 ⑥ 更换风扇及电动机总成 2. 暖气电路的电压异常 ① 检查车辆电源电压、接地线路 ② 更换风扇及电动机总成 ③ 更换风扇及电动机总成 3. 更换空气滤清器 4. 风量调整不良 ① 更换 ② 更换风扇电阻或电动机总成 ③ 更换风扇电阻或电动机总成 5. 修理或更换蒸发器 6. 修理安装部位 7. 更换

（续）

故障现象	可能原因	检查与排除
7. 无热风吹出	1. 冷却液温度过低 2. 冷却液未抵规定量 3. 冷却液未循环 ① 暖气芯体堵塞 ② V形带调整不良 ③ 水泵工作不良 ④ 混入空气 ⑤ 温度传感器工作不良 4. 控制钢索调整不良 5. 混气风门工作不良	1. 检查发动机 2. 补充冷却液 3. 冷却液未循环 ① 清扫或更换暖气总成 ② 调整 ③ 修理水泵 ④ 修理水泵 ⑤ 更换 4. 调整 5. 修理连杆或更换暖气总成
8. 吹出热风但不升温	1. 从缝隙进风 2. 各通道安装不良 3. 各控制风门工作不良	1. 修理密封条 2. 修理安装部位 3. 修理连杆或更换暖气总成
9. 除霜器不工作	1. 除霜器通道安装不良 2. 除霜器通道变形、折曲 3. 除霜器喷口安装不良 4. 除霜器喷口进入异物 5. 控制钢索调整不良	1. 修理安装部位 2. 更换 3. 修理安装部位 4. 清扫 5. 调整
10. 无冷风吹出	1. 压缩机的电磁离合器不连接 ① 空调器开关工作不良 ② 空调器用熔丝熔断 ③ 电磁离合器工作不良 ④ 空调器继电器工作不良 ⑤ 温度传感器工作不良 ⑥ 高低压力开关工作不良 ⑦ 电磁离合器端子无电压 2. V形带调整不良 3. 压缩机工作不良 4. 风道温度异常（混入热空气） 5. 蒸发器芯体结霜 6. 暖气总成与蒸发器连接部位（通风管）安装不良 7. 混气风门工作不良	1. 压缩机的电磁离合器不连接 ① 更换 ② 更换熔丝（熔丝盒、20A） ③ 更换压缩机及离合器总成 ④ 更换 ⑤ 更换 ⑥ 更换 ⑦ 检查空调器电路 2. 调整 3. 更换压缩机及离合器总成 4. 排出空气 5. 检查蒸发器或更换蒸发器 6. 修理安装部位 7. 修理连杆或更换暖气总成
11. 吹出冷风但不降温	1. 风道缝隙进热风 2. 暖气总成各控制风门工作不良 3. 风门拉索调整不良	1. 修理密封条 2. 更换暖气总成 3. 修理拉线

你学会了吗？

1. 汽车空调系统常见的故障有哪些？
2. 空调压缩机不工作的原因有哪些？怎样排除？
3. 空调系统不制冷的原因有哪些？怎样排除？

第六章 汽车电气系统维修必知必会

学看汽车电路图

汽车电路的基本检修方法

第 69 天　汽车电气系统概述

1. 了解汽车电气系统的组成和在车上的分布情况。
2. 熟悉汽车电气系统的各种特点。

一、汽车电气系统的组成与分布

随着汽车工业的发展，人们对汽车的性能要求也越来越高。作为汽车必不可少的蓄电池、发电机、起动机、照明、信号、仪表、报警等传统意义上的汽车电器也发生着巨大的变化，特别是电子控制技术在汽车工业中的广泛应用，使得汽车电气系统越来越复杂，并朝着电子化、集成化、智能化和网络化的方向发展。

汽车电器设备按功能可分电源、起动、点火、照明与信号、仪表与报警、电子控制装置、辅助装置等部分。汽车电器在车上的分布如图 69-1 所示。具体组成如下：

1）电源系统。电源系统由蓄电池、发电机、调节器及工作状况指示装置（电流表、充电指示灯）等组成。其作用是向全车用电设备提供低压直流电能。

2）起动系统。起动系统由起动机、起动继电器、起动开关及起动保护装置组成。其作用是带动飞轮旋转使曲轴达到必要的起动转速。

3）点火系统。汽油发动机含有点火系统，早期的点火系统是由点火线圈、分电器、电子点火器、火花塞、点火开关等组成，现代的电控汽油机采用电控点火系统。

4）照明与信号系统。照明与信号系统由前照灯、雾灯、示廓灯、转向灯、制动灯、倒车灯、电喇叭等及其控制继电器和开关组成。照明系统的作用是确保车辆内外一定范围内合适的照度；信号系统的作用是告示行人车辆引起注意，指示行驶趋向。

5）仪表与警报系统。仪表与警报系统由组合仪表、传感器、各种警告灯及控制器组成。其作用是显示汽车运行参数及交通信息，报警运行性机械故障，以确保行驶和停车的安全性、可靠性。

6）电子控制装置。电子控制装置由电控燃油喷射系统、自动变速器、制动防抱死系统、

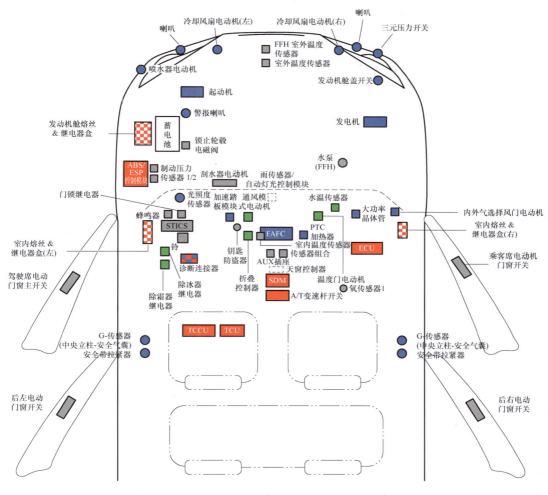

图 69-1　汽车电器分布图

巡航控制及悬架平衡控制等组成。

7）辅助装置。辅助装置由为提高车辆安全性、舒适性、经济性等各种功能的电器装置组成。辅助装置一般包括风窗刮水/清洗装置、风窗除霜/防雾装置、起动预热装置、音响装置、车窗电动升降装置、电动座椅调节装置及中央电控门锁等装置。

二、汽车电气系统的特点

现代汽车的电气系统较为复杂，电器与电子设备种类繁多，功能各异。但这些电气线路都遵循一定的原则，具有一定的规律。汽车电气系统的主要特点如下：

1）低压。汽车电气系统的额定电压主要有 12V 和 24V 两种。汽油车普遍采用 12V 电源，柴油车多采用 24V 电源（由两个 12V 蓄电池串联而成）。

2）直流。汽车的各种用电器及控制系统都是由直流电驱动的，如汽车发动机是靠电力起动机起动的，起动机由蓄电池供电，而向蓄电池充电又必须用直流电源，所以汽车电气系统为直流系统。汽车的直流电是由交流发电机产生的交流电经发电机内部的整流器整流，电压调节器对电压进行调节后输出的。

3）单线制。单线连接是汽车线路的特殊性，它是指汽车上所有电器设备的正极均采用导线相互连接，而所有的负极则直接或间接通过导线与车架或车身金属部分相连，即搭铁。任何一个电路中的电流都是从电源的正极出发经导线流入用电设备后，再由电器设备自身或负极导线搭铁，通过车架或车身流回电源负极而形成回路。单线制导线用量少，线路清晰，接线方便。

4）并联连接。汽车的各用电设备均采用并联，汽车上的两个电源（蓄电池与发电机）之间以及所有用电设备之间，都是正极接正极，负极接负极，并联连接。

由于采用并联连接，所以汽车在使用中，当某一支路用电设备损坏时，并不影响其他支路用电设备的正常工作。

5）负极搭铁。采用单线制时蓄电池的一个电极需接至车架或车身上，俗称"搭铁"。蓄电池的负极接车架或车身称之为负极搭铁；蓄电池的正极接车架或车身称之为正极搭铁。负极搭铁对车架或车身金属的化学腐蚀较轻，对无线电干扰小。我国标准规定汽车线路统一采用负极搭铁。

6）设有保护装置和继电器。为了防止因电流过大或短路而烧坏电器及线路，电路中一般设有保护装置，如熔丝（图69-2）、易熔线等。汽车上的熔丝通常安装在发动机舱熔丝继电器盒及仪表台熔丝盒内，与继电器组合在一起，构成了全车电路的接线盒。

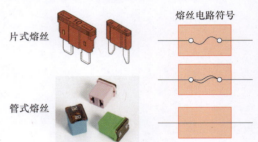

图69-2　熔丝的类型与电路符号

7）汽车线路有颜色和标识特征。为了便于区别各线路的连接，汽车所有低压导线必须选用不同颜色的单色或双色线。各大汽车厂家在绘制电路图时，在每根导线上标明颜色的英文代号及导线大小规格（导线截面积）。

颜色的英文代码是由汽车制造厂家编定的。以大众汽车电路图为例，单色导线如果是白色则用 ws 表示，红色标注为 ro；双色导线，第一色为主色，第二色为辅助色，如 gn/ro 表示主色为绿色，辅助色为红色，称为绿/红色线；0.35gn/ro 表示导线截面积为 0.35mm^2 的绿/红色导线；0.35sw 表示导线截面积为 0.35mm^2 的黑色导线。

你学会了吗？

1. 汽车电气系统由哪些部分组成？
2. 汽车电气系统的特点有哪些？
3. 汽车的辅助电器装置有哪些？

第70天　汽车电路图形符号

学习目标

1. 识别汽车电路图中的主要图形符号。
2. 了解汽车电路导线标注的含义。
3. 了解线束插接器的结构及端子标注方法。

一、主要图形符号

图形符号是用于电路图或其他文件中的表示项目或概念的一种图形、标记或字符，是电气技术领域中最基本的工程语言。某进口车型电路图中主要的图形符号见表70-1。

表70-1 某进口车型电路图中主要图形符号说明

符号	含义	符号	含义	符号	含义
	相连接线路		直流电动机		二极管
	不相连接线路		灯泡		光电二极管
	双绞线		继电器		发光二极管
	屏蔽线		熔片		天线
	插接件		慢熔断器 大负载熔断器		电阻
	接地		电磁阀		温度传感器
	非自锁式开关		扬声器		可变电阻
	自锁式开关		鸣笛、喇叭		电位计
	常天式开关		警报喇叭		压力开关
	常闭式开关		联动开关		加热器
	火花塞		12V蓄电池		控制模块

二、电路导线标注

为了便于区分和阅读,汽车电路图中的导线通常都标注有颜色代码和导线规格(导线截面积)。颜色的英文代码是由汽车制造厂家编定的,不同车系具有一定区别。某国产车型的导线颜色代码见表70-2。

表70-2　某国产车型导线颜色代码

颜色代码	导线颜色	示　例
R	红色	
O	橙色	
W	白色	
B	黑色	
Y	黄色	
V	紫色	
G	绿色	
L	蓝色	
Br	棕色	
Gr	灰色	
P	粉红色	
Lg	浅绿色	

汽车导线分为单色线和双色线两种。单色导线如果是白色则用 W 表示,红色标注为 R;双色导线时,第一色为主色(线路底色),第二色为辅助色(条纹颜色)。如 0.5R/Y 表示导线截面积为 0.5mm² 的红黄色双色导线。

汽车电路导线颜色的识别示例如图70-1所示。

图70-1　汽车电路导线颜色示例

三、线束插接器及端子标注

电器元件与线束之间或不同线束之间的连接靠插接器来完成,插接器通常由护套、插头或插座、密封件、导线等组成,如图70-2所示。带有插销(针脚端子)的插接器称为插头,带有插孔(针孔端子)的插接器称为插座。

识读插接器端面的端子号码时，插接器的锁止面应朝上。在读带插孔的插座时，序号从左上到右下；在读带插销的插头时，序号从右上到左下。在线束插接器上，有些是没有针脚或针孔端子的，在插接器图上，该端子通常用"-"或"\"来表示。定义端子号时，通常只写出一排针脚（孔）的首尾针脚号，而省略中间部分的端子号。使用万用表等仪器检查端子电压时，应在插接器背面用探头进行测试，如图70-3所示。

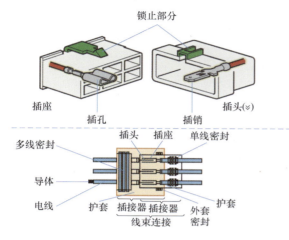

图70-2 线束插接器的结构

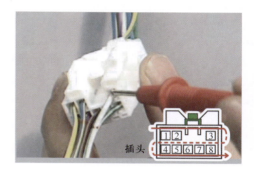

图70-3 在插接器背面探测端子

你学会了吗？

1. 你能区别汽车电路图中的图形符号吗？
2. 电路导线标注"0.5R/Y"表示什么含义？
3. 插接器的端子序号通常是怎样排列的？

第71天　学看汽车电路图

学习目标

1. 了解汽车电路图的含义和组成。
2. 了解点火开关的的档位和供电控制原理。
3. 通过汽车电路识读示例学会看懂一般车型的简单电路图。

基础知识

一、电路图的组成

所谓汽车电路图，就是将汽车的电源及各种用电设备按照它们各自的电路连接关系，通过开关、导线、熔断器等配电设备连接起来构成完整的电路，且用特定的符号形式表示出来的图形。它可以清楚地表示出汽车电器设备各系统的工作原理及相互之间的内在联系。一个简单的电路组成如图 71-1 所示。

一个完整的汽车电路包含以下部分：

1）电源。汽车的电源包括蓄电池、发电机等。

2）保护装置。保护电路和用电设备不受额外电流的损害，如熔丝、电路断路器。

3）控制部件。控制电路的闭合和断开，如手动开关（点火开关、组合开关）、压力开关、温度开关、电子控制模块。

4）用电设备。电流通过用电设备做功或发光，如灯泡、电磁阀、电子控制器件。

5）导线。将以上各种装置连接起来构成电路。

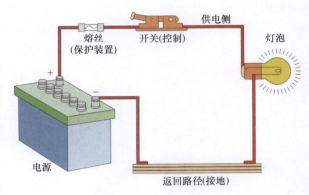

图 71-1 简单的电路组成

二、点火开关

点火开关（图 71-2）是汽车电路中最重要的开关，以点火开关为中心将全车电路分成几条主干线，即蓄电池常电（30 号线）、附件电源（ACC 线）、点火信号电源（15 号线）。点火开关主要功能是锁住转向盘转轴（LOCK）、接通点火仪表指示（ON 或 IG）、起动车辆（ST 或 START）、附加电源供电（ACC）。

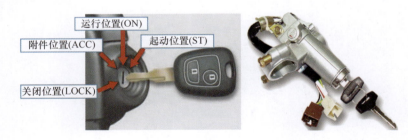

图 71-2 点火开关及其档位

1）蓄电池常电（B 线或 30 号线）。从蓄电池正极引出直通熔断器盒，也有汽车的蓄电池火线接到起动机火线接线柱上，再从那里引出较细的火线。

2）附件电源线（ACC 线）。用于起动机不工作时需要接入的电器，如收放机、点烟器等。

3）点火、仪表、指示灯线（IG 线或 15 号线）。点火开关在 ON（工作）和 ST（起动）档才提供电的电源线，一般用来控制点火、励磁、仪表、指示灯、信号、电子控制系等发动机工作时的重要电路。

4）起动控制线（ST 线或 50 号线）。用于对起动机的控制电路进行控制并提供电源。大功率起动机起动时电流很大，容易烧蚀点火开关的"30-50"触点对，必须另设起动机继电器。装有自动变速器的轿车，为了保证空档起动，常在 50 号线上串有空档开关。

长安汽车的点火开关原理见表71-1。

表71-1 长安汽车的点火开关原理

端子 档位	+B	ACC	IG1	IG2	ST
LOCK	○				
ACC	○—	—○			
ON	○—	—○—	—○—	—○	
ST	○—		—○—		—○

三、电路图识读要点

要对汽车电器设备进行维修或改装就必须能看懂和理解汽车电路图，尤其是初学者更要学会如何识读汽车电路图。识别汽车电路图的基本方法如下：

1）了解整车电气系统的结构配置，各个电气系统的工作原理与特点。
2）认真了解各车型的电路图注，牢记电器图形符号。
3）掌握电器装置在电路图中的布置。
4）掌握电路分支中的控制开关、保护装置和继电器在电路中的作用。
5）了解控制开关、继电器的初始状态。
6）看清主电路和分支线路，识别电路设备所处的分线路走向。
7）牢记回路原则，弄清电器设备的各接线柱分别和哪些电器的接线柱相连。
8）将电路图化整为零，使之更容易识读。

一、汽车电路图识读示例

奇瑞汽车电路图的识读示例如图71-3所示。通过该例子，可以从整体上了解奇瑞汽车电路图的组成、特点和基本识读方法。

电路图示例中的标注数字的含义如下：

1—电源及搭铁线。BAT为常电，IG1、IG2、ACC为点火开关电源，ILLUM表示夜光照明电源，GROUND/31表示搭铁线。

2—在电路图上，这个区域内的熔丝与继电器都在前舱电器盒上。

3—表示导线规格和颜色。

4—至某元件，表示该处与某元件的某个针脚相连。例如：至鼓风机继电器86#指的是该处与鼓风机继电器86#相连。

5—在电路图上，这个区域内的熔丝与继电器都在室内电器盒上（个别的除外，将另作说明）。例如RF-03指的是室内电器盒上的3号熔丝。

6—该处表示元器件的名称。

7—表示搭铁线，包括发动机搭铁，变速器搭铁及车身搭铁。此线在实际线束中并不存在。

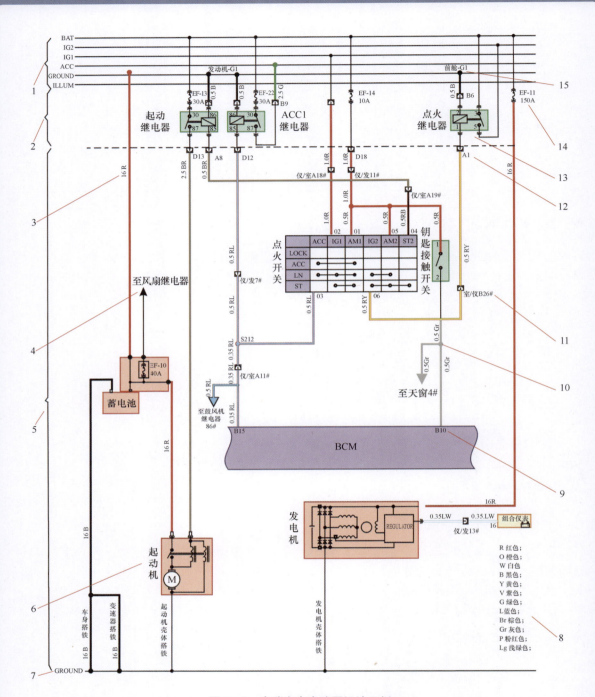

图 71-3 奇瑞汽车电路图识读示例

8—该处是导线颜色的详细说明。
9—该处表示元件的针脚号。
10—该处为一节点,表示几条线在此处汇为一条线。
11—表示线束与线束之间连接的插件端子。图中示例表示室内线束和仪表线束 B 插件第 26 个端子。

12—表示前舱电器盒上的插件端子。例如 A1 表示前舱电器盒 A 插件 1 号端子。

13—该处为前舱电器盒内继电器外形图。

14—该处为前舱电器盒内熔丝号及允许通过的最大电流。例如：EF-11 150A 表示前舱电器内 11 号熔丝，允许通过的最大电流为 150A。

15—搭铁点的位置标示。例如"发动机—G1"，表示发动机线束上的第一个搭铁点。

二、汽车电路图看图方法

奇瑞汽车的倒车灯和制动防抱死系统（ABS）电路如图 71-4 所示。

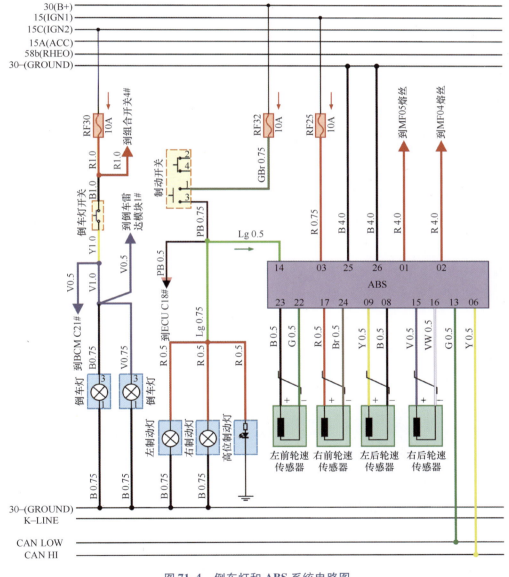

图 71-4 倒车灯和 ABS 系统电路图

1）倒车灯电路：打开点火开关到 ON 档时，IG2 电源通过室内熔丝 RF30 向倒车灯开关供电。挂入倒档时，倒车灯开关接通，点亮车尾的倒车灯。

2）制动灯电路：30 常电经过室内熔丝 RF32 向制动（灯）开关供电，踏下制动踏板时，制动开关的 2、4 脚断开，1、3 脚接通，点亮车尾的左制动灯、右制动灯和高位制动灯。同时，向 ABS 模块的 14 号针脚发送制动信号。

3）打开点火开关时，IG1 电源向 ABS 模块的 03 针脚通电，蓄电池通过正极熔丝 MF05 和 MF04 分别向 ABS 模块的 01、02 针脚供电，使 ABS 模块中的电磁阀和液压泵通电。

4）ABS 模块通过轮速传感器检测车轮的转速，分析车轮是否处于抱死临界状态，通过驱动模块内的电磁阀和液压泵来调节制动压力。

你学会了吗？

1. 一个完整的汽车电路包含哪些部分？
2. 长安汽车点火开关的档位有哪些？其电路原理是怎样的？
3. 汽车电路图识读要领有哪些？
4. 举例说明如何看懂汽车电路图。

第 72 天 汽车电路的基本检修方法

学习目标

1. 了解汽车电路的基本检修方法，并在实际维修时灵活运用。
2. 通过维修示例，学习电路检修方法的综合运用。

基础知识

现代轿车的电器部件越来越多，线束也随之增多，线路显得更加复杂。汽车电路系统发生的故障主要有断路、短路、电器设备的损坏等。为了能迅速准确地诊断故障，在了解各个车系的电气系统结构和特点之前，我们先要掌握一些基本的电路检修方法。

1. 直观诊断法

汽车电路发生故障时，有时会伴随出现冒烟、火花、异响、焦臭、发热等异常现象。这些现象可通过人的眼、耳、鼻、皮肤感觉到，从而可以直接判断出故障所在部位。例如，一辆捷达轿车在转弯行驶时，突然发现一侧的转向灯与转向指示灯都不亮了。停下车辆后检查，用手摸仪表板下方继电器盒中的各个继电器，发现闪光继电器发热烫手，说明闪光继电器可能已烧毁。

2. 断路法

汽车电路设备发生搭铁（短路）故障时，可用断路法判断。方法是将被怀疑有搭铁故障的电路段断路后，根据电器设备中搭铁故障是否还存在，判断电路搭铁的部位和原因。如汽车行驶时，听到电喇叭长鸣，则可以将继电器接线柱上的喇叭控制导线断开。如此时电喇叭停鸣，则说明喇叭按钮至继电器这段电路中有搭铁现象。

3. 短路法

汽车电路中出现断路故障，还可以用短路法判断。将被怀疑有断路故障的电路短接，观察仪表指针变化或电器设备工作状况，从而判断出该电路中是否存在断路故障。例如，怀疑汽车电路中的各种开关有故障，可以用导线将开关短接来判断开关是好是坏。

带熔丝的跨接线如图72-1所示。对于那些可能因短路导致线路断开的情况，使用带有比电路额定容量小的熔丝的跨接线来检查相关电路更安全。

4. 试灯法

检测电路故障时，可以用试灯或电压表检查电路状态及用试灯检查有无电压。如图72-2所示，试灯由一对导线和12V灯泡组成。检查时，一根导线搭铁，另一根导线连接在某个测量点上。如果这时灯亮，说明这点上有电源供应。

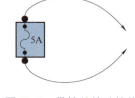

图72-1 带熔丝的跨接线

电压表与试灯的使用方法基本相同，不同的是用试灯只能检查是否有电，而电压表还可以显示电压的大小。

5. 仪表法

观察汽车仪表板上的发动机转速表、车速表、水温表、燃油表、充电指示灯、机油压力指示灯等的指示情况，判断电路中有无故障。例如，发动机冷态，接通点火开关时，水温表指示满刻度位置不动，说明水温表传感器有故障或该线路有搭铁。

6. 高压试火法

对高压电路进行搭铁试火，观察电火花状况，判断点火系统的工作情况。具体方法是：取下点火线圈或者火花塞的高压导线，将其对准火花塞或缸盖等，距离约5mm，然后接通起动开关，转动发动

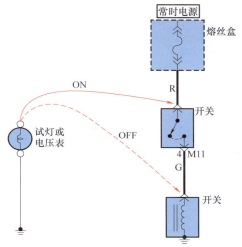

图72-2 用试灯或电压表检查电路

机，看其跳火情况。如果火花强烈，呈天蓝色，且跳火声较大，则表明点火系统工作基本正常；反之，则说明点火系统工作不正常。

7. 低压搭铁试火法

该方法是拆下用电设备接线的某一线端对汽车的金属部分（搭铁）刮擦而产生火花来判断故障。例如，我们要判断点火线圈至蓄电池一端电路是否有故障，可拆下点火线圈上连接点火开关的接头，在汽车车身或车架上刮碰，如果有强烈的火花，则说明该电路正常；如果无火花，说明该电路出现了断路。

试火法不能在装有电子点火系统（如有ECU控制的）汽车上使用。

8. 仪器法

随着汽车电器设备的日趋复杂，在维修中，特别是维修装置电子设备较多的车辆，使用一些专用的仪器十分必要的。

常用的诊断仪器有万用表、示波器和诊断仪。示波器可以显示波形，有助于判断传感器信号、执行信号和汽车总线网络信号是否正常。诊断仪的作用则最为强大，能读取、清除故

障码,查看系统数据流,以及对电控系统进行匹配解码等。

1. 汽车电路系统发生的故障主要有_____、_____和电器设备的损坏等。
2. 汽车电路的基本检修方法有哪些?
3. 汽车示波器和诊断仪的作用分别有哪些?

第73天 充电系统

1. 了解汽车充电系统的组成、作用和工作原理。
2. 了解发电机的结构和工作原理。
3. 掌握充电系统的检查和蓄电池的更换方法。

一、充电系统的作用与组成

汽车的充电系统主要由蓄电池、交流发电机、电压调节器、点火开关和充电指示灯等组成。充电系统的电路原理如图73-1所示。

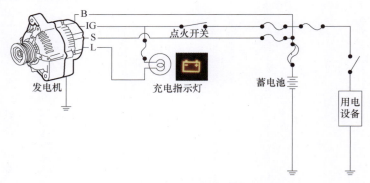

图73-1 充电系统的电路原理

打开点火开关时,充电指示灯亮起。发动机运转时,发动机带动发电机发电,发电机的B端子产生输出电压,为汽车电气系统提供电能。发电机正常发电时,充电指示灯熄灭,S端子用来检修蓄电池电压,以使发电机产生需要的电能。满足汽车上的电器设备用电需求后,充电系统同时给蓄电池充电,以补充蓄电池在起动等对电器供电时消耗的电能。

随着汽车上用电设备的急剧增加,充电系统的作用越来越重要。

二、发电机的结构与工作原理

汽车发电机为硅整流发电机,如图73-2所示,它主要由转子、定子和整流器组成。

当直流电通入转子绕组时，转子爪极便建立磁场，使其产生交变感应电动势。定子安装在转子的外面，和发电机的前后端盖固定在一起。当发电机转子在传动带带动旋转时，磁极磁力线切割定子绕组，引起定子绕组中磁通的变化，定子绕组中就产生交变的感应电动势，从而产生交流电。发电机产生的三相交流电经过整流器将交流电整流成直流电输送到车辆的电气系统和蓄电池。

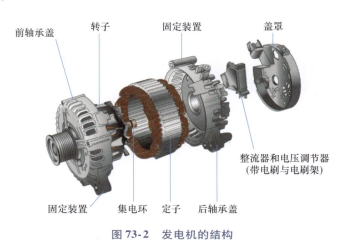

图 73-2　发电机的结构

一、充电系统的检查

1）检查发电机连接线束状况是否良好。

2）检查发电机外观是否有裂纹、变形等损坏。

3）打开点火开关（ON），组合仪表的充电指示灯是否亮起。充电指示灯不亮，表示电路有异常。

4）发动机运转后，充电指示灯是否熄灭，如未熄火，则检查发电机及其连接线束。

5）发电机不工作时，断开发电机 B+端子，用万用表测电阻，再交换正负表笔测量，若两次测得阻值一样或导通，则发电机损坏，需更换发电机；若相差巨大，则正常。

6）如图 73-3 所示，起动发动机，使用万用表直接在发电机输出端与接地之间测量输出电压是否在 14V 左右，若输出电压偏低或偏高，发电机有故障；打开前照灯、空调鼓风机等用电器，检查发电机输出电压，若明显下降，则发电机有故障，须更换。

图 73-3　输出端测量输出电压

7）在发动机不同转速状态下，检查发电机是否有异常声音。

二、蓄电池的更换

1）将车辆停放在安全地方，并拉起驻车制动手柄，防止车辆滑行。

2）如图 73-4 所示，拆卸蓄电池线束连接点，拆卸顺序为：先拆卸蓄电池负极，再将蓄电池正极桩头保护罩拨开，拆卸正极。

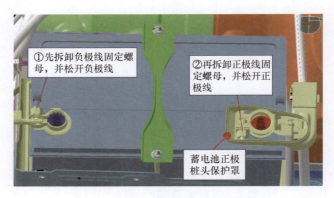

图 73-4 拆卸蓄电池线束连接点

3）如图 73-5 所示，先拆卸 2 颗蓄电池螺杆固定螺母，然后取出蓄电池固定压板，最后取出 2 根蓄电池固定螺杆。

4）取出旧的汽车蓄电池。

5）将新的蓄电池放入蓄电池托盘内。

6）依次安装蓄电池固定螺杆、蓄电池固定压板、蓄电池螺杆固定螺母。

7）先安装蓄电池正极线，拧紧蓄电池正极线固定螺母，然后将正极桩头保护罩扣在正极桩头表面，确保扣合到位。

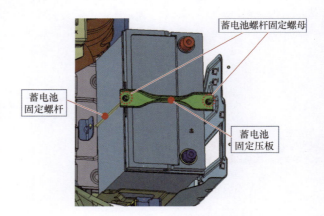

图 73-5 拆卸蓄电池压板和螺杆

8）再安装蓄电池负极线，拧紧蓄电池负极线固定螺母。

你学会了吗?

1. 充电系统主要由哪些部件组成？它是怎样工作的？
2. 充电指示灯亮起时，怎样检查充电系统？
3. 怎样更换车上的蓄电池？

第 74 天　起动控制系统

学习目标

1. 了解起动控制系统的组成和电路工作原理。
2. 掌握起动机的性能测试方法，学会检查起动机工作状态是否良好。

基础知识

起动控制系统由点火开关（起动开关）、起动继电器、空档开关（MT）或 P/N 档位开关（AT）和起动机等组成，其作用是接通或断开起动机的工作电流，使起动电机运转或停转。装有防盗系统的车辆，有可能还需要在防盗 ECU 的允许下才能接通起动机电路。

本田飞度的起动控制系统电路如图 74-1 所示。打开点火开关打到 ST 档，且变速器档位开关在 P/N 位置时，起动继电器吸合，则电流通过 S 端子流入电磁开关内的线圈而吸引铁心，当铁心被吸引时，连接到铁心的杆就动作使起动机单向离合器接合。同时，被吸引的铁心将电磁开关的 B 端子和 M 端子接通，这时电流流通使起动电机工作。当发动机起动后点火开关返回到 ON 位置时，起动机离合器从齿圈脱开，起动机停止工作。

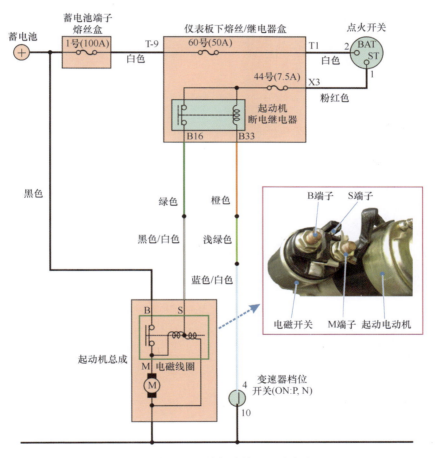

图 74-1 本田飞度的起动控制系统电路图

起动机总成的检查方法如下：
1) 拆下起动机总成。
2) 将线束从端子 M 上断开。

3) 在本测试中，用尽可能粗的导线（最好与车辆所用仪表一样）进行连接。

> **注意**
>
> 为避免损坏起动机，切勿使蓄电池连接持续 10s 以上。

4) 按图 74-2 所示方法连接蓄电池。确保将起动机电机线束从电磁阀上断开。如果起动机小齿轮移出，则能正常工作。

5) 如图 74-3 所示，将蓄电池负极从 M 端子上断开。如果小齿轮不缩回，则电磁阀的保持线圈工作正常。

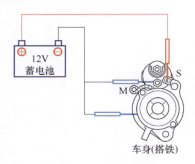 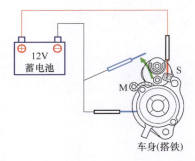

图 74-2　连接蓄电池供电　　　图 74-3　从 M 端子断开蓄电池负极

6) 如图 74-4 所示，将蓄电池负极从起动机壳体上断开。如果小齿轮立即缩回，则工作正常。
7) 将起动机紧紧夹在台虎钳上。
8) 将线束重新连接到 M 端子上。
9) 如图 74-5 所示，将起动机连接到蓄电池上，确认电机运转。

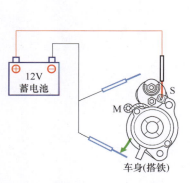 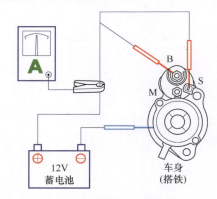

图 74-4　从壳体上断开蓄电池负极　　　图 74-5　起动机空转试验

10) 蓄电池电压为 11.5V 时，如果电流与规格（≤50A）相符，则起动机工作正常。

> **你学会了吗？**
>
> 1. 起动控制系统由哪些部件组成？系统是如何工作的？
> 2. 怎样测试起动机电磁开关？
> 3. 怎样进行起动机性能试验？

第75天 汽车照明系统

1. 了解汽车照明系统的作用和组成。
2. 熟悉灯光开关的档位和控制原理。

一、照明系统的作用与组成

汽车灯光照明系统的作用是在夜间或能见度低的情况下，向驾驶员、乘客和交通管理人员提供照明，对其他车辆和行人发出提示及警告。

如图75-1所示，照明系统主要由灯具、电源和控制电路（包括灯光开关）三部分组成。大多数汽车将前照灯、前转向信号灯和前示廓灯组成起来，称为前组合灯；将尾灯、后转向信号灯、制动灯、倒车灯和后示廓灯组合起来，称为后组合灯。照明系统主要由转向盘下方的灯光组合开关来控制。

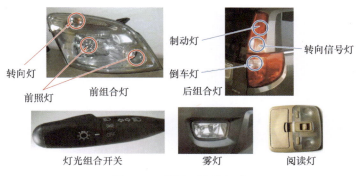

图75-1 照明系统的组成

二、灯光开关

灯光开关用来控制汽车上各灯具的开启与关闭。按操纵的形式主要有旋钮式和拨杆式两种。德系车如大众奥迪常采用旋钮式，开启车灯时需要将灯光开关旋钮往顺时针方向转动；其他车系大多采用拨杆式，开启车灯时，需要将灯光操纵杆外侧向逆时针方向拧。

旋钮式灯光开关的档位如图75-2所示。灯光开关的原始位置为关闭档，顺时针打开一档开启位置灯与车内夜光背景灯，第二档为前照灯档，可开启远/近光灯。远/近光灯的切换则是通过操纵转向盘左侧的变光开关先实现的。若要开启雾灯，则在开启任一档灯光的情况下，将开关拉出至一档位置即可打开前雾灯；再将开关拉出至二档位置即可打开后雾灯。

拨杆式灯光开关的档位如图75-3所示。在拨杆式灯光开关的操纵杆上有两个转动开关，外端的是灯光控制开关，有三个档位，分别为关闭、示廓灯（位置灯）、前照灯（近、近光灯）；中间的转动开关可控制雾灯的开启和关闭。

雾灯开关：开启位置灯或前照灯之后，就可以开启雾灯了。拧动灯光操纵杆中间的转动开关可以开启前雾灯或后雾灯。

变光开关：打开前照灯开关后，向下推动灯光操纵杆可开启远光灯。此时，仪表盘上的远光指示灯常亮。向上提灯光操纵杆则又切换为近光灯。向上拉灯光操纵杆可打开超车灯，远光灯亮；松开后回到近光位置，起前照灯闪光（会车提醒）作用。

图 75-2　旋钮式灯光开关的档位

图 75-3　拨杆式灯光开关的档位

提　示

不管是否打开灯光控制开关，都可以操作超车灯。

你学会了吗？

1. 汽车照明系统的作用是什么？由哪些部件组成？
2. 汽车前组合灯包括哪些灯具？后组合灯包括哪些灯具？
3. 拨杆式灯光开关的档位有哪些？分别是如何操作的？

第 76 天　照明控制电路

学习目标

1. 了解前照灯控制电路的工作原理。
2. 了解前、后雾灯控制电路的工作原理。

基础知识

一、前照灯控制电路

汽车有各种类型的前照灯控制系统，其差别在于是否有诸如前照灯继电器和变光继电之类的电气设备。下面以带前照灯继电器,但不带变光继电器的类型为例,说明前照灯控制电路的工作原理。

1. 开启近光灯

如图76-1所示,将灯光控制开关移动到HEAD(LOW)位置时,前照灯继电器打开,同时,前照灯(近光灯)点亮。

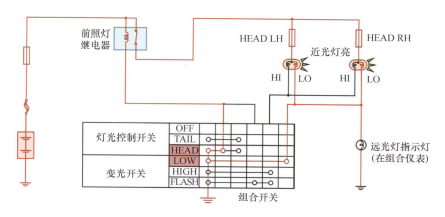

图76-1 接通近光灯控制电路

2. 开启远光灯

如图76-2所示,当灯光控制开关移到HEAD(HIGH)位置时,前照灯继电器打开,前照灯(远光灯)点亮。

 **特别提示**

此电路图中的远光指示灯不是直接与远光灯并联的类型,即远光灯亮时,远光指示灯也同时点亮,而是指示灯串联类型。当开启远光时,电流从前照灯(近光灯)流到远光指示灯,指示灯亮。电流也流到近光灯,但是由于它们的电阻和电流小,结果不能被点亮。

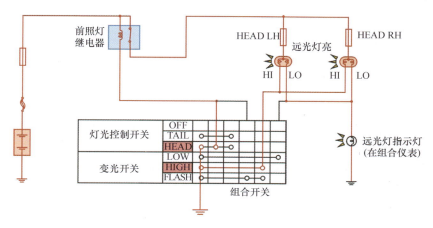

图76-2 接通远光灯控制电路

3. 超车灯闪光操作

如图76-3所示，当变光开关移动到FLASH（闪光）位置时，前照灯继电器打开，远光灯点亮。松开变光开关，则恢复到原位，远光灯熄灭。

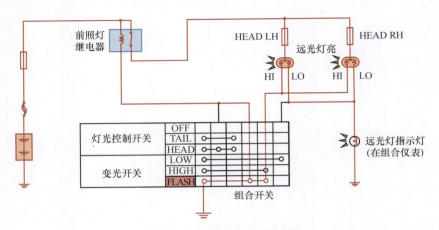

图76-3 接通超车灯控制电路

二、雾灯控制电路

1. 前雾灯的开启

如图76-4所示，当灯光控制开关在TAIL或HEAD位置（打开位置灯或前照灯）时，才可以开启前雾灯。打开前雾灯开关到ON位置时，前雾灯继电器闭合，点亮前雾灯及前雾灯指示灯（F）。

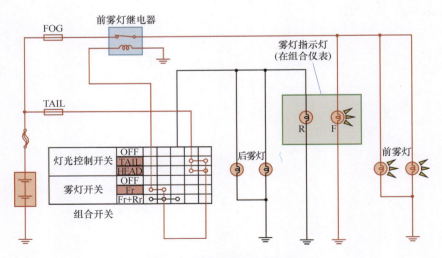

图76-4 接通前雾灯控制电路

2. 后雾灯的开启

后雾灯的控制电路如图76-5所示。与前雾灯的操作方法一样，当灯光控制开关在TAIL和HEAD位置时，才能开启后雾灯。即如果开关从前雾灯开关的ON位置进一步前移，将接通后雾灯开关。此时，前、后雾灯及雾灯指示灯都被点亮。

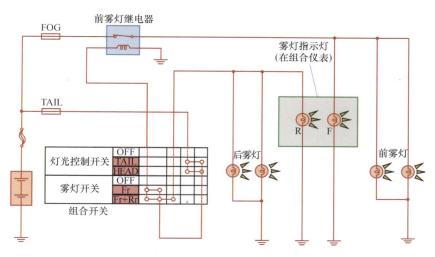

图76-5　接通后雾灯控制电路

1. 远光灯、近光灯和超车灯的电路控制原理是怎样的？
2. 当灯光控制开关什么位置时，才可以开启前雾灯？

第 77 天　转向信号和危险警告灯

1. 了解转向信号和危险警告灯系统的组成和操作方法。
2. 了解转向信号和危险警告灯电路的控制原理。

一、转向信号和危险警告灯系统的组成

转向信号和危险警告灯系统由转向信号开关、危险警告开关、闪光继电器、左转向灯（包括左前、左侧、左后转向灯）、右转向灯（包括右前、右侧、右后转向灯）、转向指示灯等组成。系统主要组成部件如图 77-1 所示。

转向灯需要打开点火开关才能操作，在任何情况下按下危险警告灯开关即可开启危险警告灯，向周围车辆或路人示警。当操作转向信号开关时，转向信号闪光继电器打开转向灯，使转向灯和组合仪表上的转向指示灯按一定频率闪光。

二、转向信号和危险警告灯电路

长安金牛星汽车的转向灯与危险警告灯电路如图 77-2 所示。

· 187 ·

图 77-1 转向信号和危险警告灯系统的组成

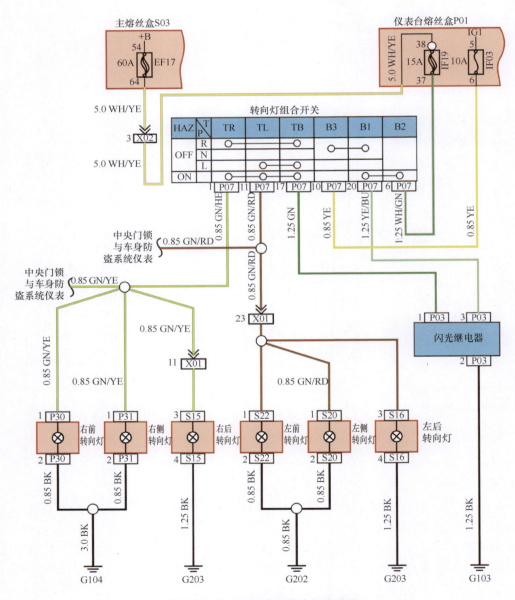

图 77-2 转向灯与危险警告灯电路图

使用转向灯前，必须先打开点火开关，即转向灯电路使用的是 IG1 电源。危险警告灯电路使用的是常电电源 +B。

常电源 +B 电流经过主熔丝盒中的 17 号熔丝（灯光电源熔丝 EF17）供电到仪表台熔丝盒中的 19 号熔丝（危险警告灯熔丝 IF19）。电流通过 IF19 供电给转向灯组合开关 6 号针脚。转动点火开关至 ON 档，电流 IG1 电流通过仪表台熔丝盒中的 3 号熔丝（转向灯熔丝 IF03）供电给转向灯组合开关 10 号针脚。

打开危险警告灯或者左右转向灯时，转向灯组合开关 20 号针脚分别接收 6 号针脚（常电源）或者 10 号针脚（IG1 电源）的电流供给闪光继电器 3 号针脚，闪光继电器 1 号针脚供闪烁电流信号至转向灯组合开关 17 号针脚，闪光继电器 2 号针脚通过 G103 接地。

右转向（TR）：转向灯组合开关 1 号针脚接收 17 号针脚的闪烁电流信号分别供电给右前转向灯 1 号针脚、右侧转向灯 1 号针脚、右后组合灯 3 号针脚，右转向灯闪烁。

左转向（TL）：转向灯组合开关 11 号针脚接收 17 号针脚的闪烁电流信号分别供电给左前转向灯 1 号针脚、左侧转向灯 1 号针脚、左后组合灯 3 号针脚，左转向灯闪烁。

 你学会了吗?

1. 转向信号和危险警告灯系统由哪些部件组成？
2. 转向灯与危险警告灯电路的控制原理是怎样的？

第 78 天　中控门锁系统

 学习目标

1. 了解汽车中控门锁系统的组成和工作原理。
2. 了解中控门锁控制电路上锁/解锁的工作原理。

 基础知识

一、中控门锁系统概述

为了方便驾驶员和乘客开关车门，提高汽车的安全性，现在大部分轿车都安装了中央控制门锁系统。如图 78-1 所示，中控门锁系统一般由中控门锁开关、钥匙操纵开关、门锁总成、行李舱开启器及车身控制器（BCM）等组成。

中控门锁开关一般安装在驾驶员侧前门内的扶手上。通过中控门锁开关可以同时锁上和打开所有的车门。中控门锁开关功能如图 78-2 所示。当点火开关 IG OFF 且外部上锁成功后，中控开关解锁功能禁止，外部上锁后，中控上锁功能有效。

门锁总成主要由门锁电动机、门锁传动机构、门锁位置开关、外壳等组成。钥匙操纵开关装在每个前门的钥匙门上，当从外面用钥匙开门或关门时，钥匙控制开关便向 BCM 或门锁控制继电器发出开门或锁门的信号，然后由 BCM 或继电器接通门锁电动机电路，完成闭锁或开锁动作。

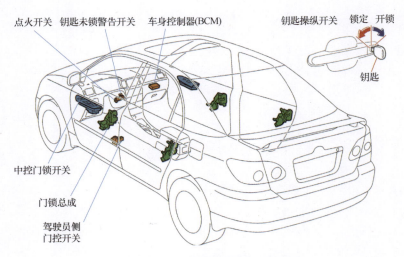

图 78-1 中控门锁系统的组成

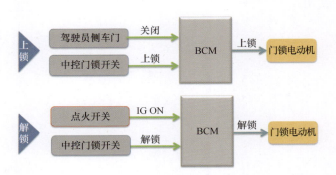

图 78-2 中控门锁开关功能

二、中控门锁控制电路

当门锁控制开关被置于锁定/解锁侧时，车门锁定/解锁信号被传输至车身控制器中的 CPU。收到信号后，CPU 打开 Tr1 或 Tr2 驱动管大约 0.2s，并打开锁定/解锁继电器。在此状态下，锁定/解锁继电器形成接地回路，电流从蓄电池通过门锁电动机到接地，所有门锁控制电动机沿锁定/解锁方向旋转，打开或关闭用来检测车门锁止状态的车门锁位置开关。

锁门时的门锁控制电路如图 78-3 所示。按下门锁控制开关的闭锁键时，CPU 打开 Tr1，使锁止继电器工作。蓄电池通过锁止继电器触点向各门锁电动机供电，解锁继电器则为锁电动机的另一端提供接地。

车门开锁时的门锁控制电路如图 78-4 所示。按下门锁控制开关的开锁键时，CPU 打开 Tr2，使解锁继电器工作。蓄电池通过解锁继电器触点向各门锁电动机供电，锁止继电器则为门锁电动机的另一端提供接地。

当在车外将钥匙插入车门钥匙孔，并沿锁定/解锁方向转动时，钥匙操作开关被转向锁定/解锁侧，所有的门锁电动机沿锁定/解锁方向转动（与手动锁定/解锁操作相同）。

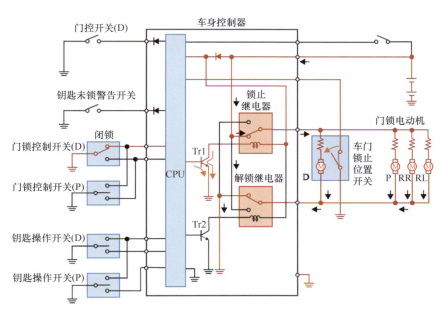

图 78-3 车门锁止控制电路

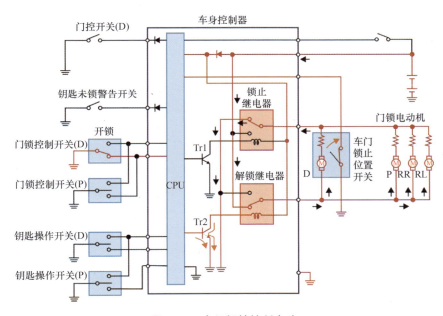

图 78-4 车门解锁控制电路

你学会了吗？

1. 中控门锁系统一般由哪些部件组成？它是怎样工作的？
2. 门锁总成主要由哪些部件组成？钥匙操纵开关起什么作用？
3. 中控门锁控制电路的工作原理是怎样的？

第 79 天　无钥匙进入与起动系统

学习目标

1. 了解无钥匙进入与起动系统的作用、组成和工作原理。
2. 通过电路图弄懂 PEPS 系统的电路原理。

基础知识

一、无钥匙进入与起动系统概述

无钥匙进入与起动系统（PEPS）又称为智能钥匙系统，是一种让用户以特别便捷的方式进入和控制车辆的系统。要进入车辆时，不需要传统型钥匙或遥控器，只要用户携带智能钥匙就可以直接打开车门，解锁 ESCL，还能通过一键起动开关起动发动机。

如图 79-1 所示，常见的智能钥匙系统是由发射器（智能钥匙）、遥控接收器、LF 天线（车内天线、车外天线）、车门锁止按钮、智能钥匙 ECU 及相关线束组成的。

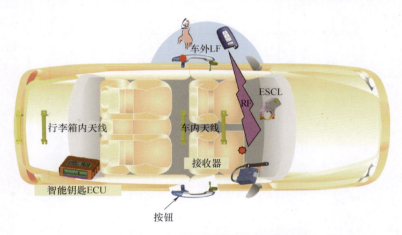

图 79-1　智能钥匙系统的主要组成部件

配备智能钥匙系统的车辆，在驾驶席车门和乘客席车门的外侧把手上配备了 LF（低频）通信类型天线，用于发射 125kHz 信号（寻找智能钥匙位置）。车门手柄上的车门锁止按钮充当触发器，指示用户开锁或闭锁车辆的意图。当智能钥匙接收到 125kHz 的请求信号时，自动回复无线电信号给遥控接收器，再由接收器将回复信息转送给智能钥匙 ECU。智能钥匙 ECU 控制所有有关被动开/闭锁和用于发动机起动操作的被动授权功能。

二、无钥匙进入与起动系统电路

长城哈弗 H6 汽车的 PEPS 系统电路如图 79-2～图 79-4 所示。

PEPS 系统采用先进的无线射频识别技术，通过 PEPS 控制器驱动低频天线查找智能钥匙，并进行认证，认证通过后，可以开闭门锁及起动发动机。该系统能实现驾驶侧、乘客侧和行

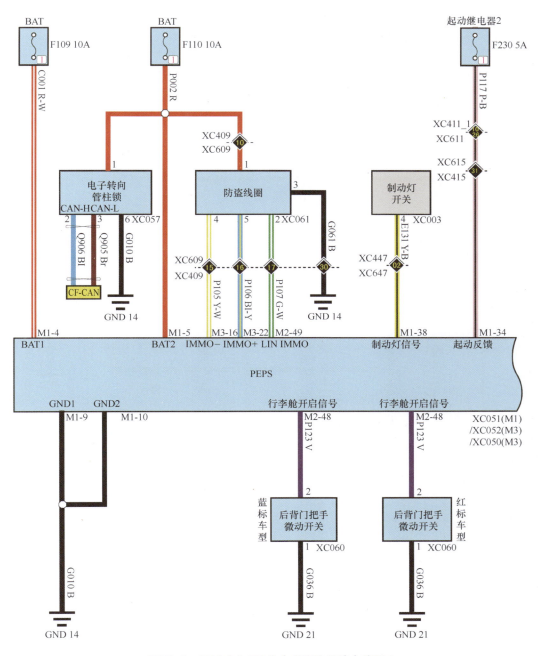

图 79-2 长城哈弗 H6 汽车 PEPS 系统电路图 1

李舱三个区域的无钥匙进入和离开功能,前排驾驶/乘客侧区域无钥匙进入与离开采用双触摸开关触发方式,行李舱无钥匙开启采用微动开关触发方式。

电源分配功能集成在 PEPS 控制器上。PEPS 系统负责整车电源的控制,包括 OFF、ACC、ON(发动机关闭)、CRANK(起动)和 ON(发动机运转)五种类型。PEPS 控制器控制 ACC、IGN1 和 IGN2 继电器,起动继电器由 EMS 控制。

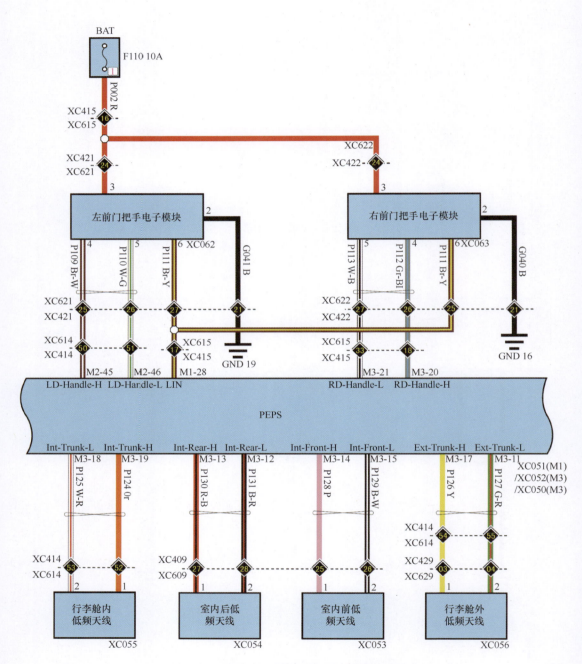

图 79-3 长城哈弗 H6 汽车 PEPS 系统电路图 2

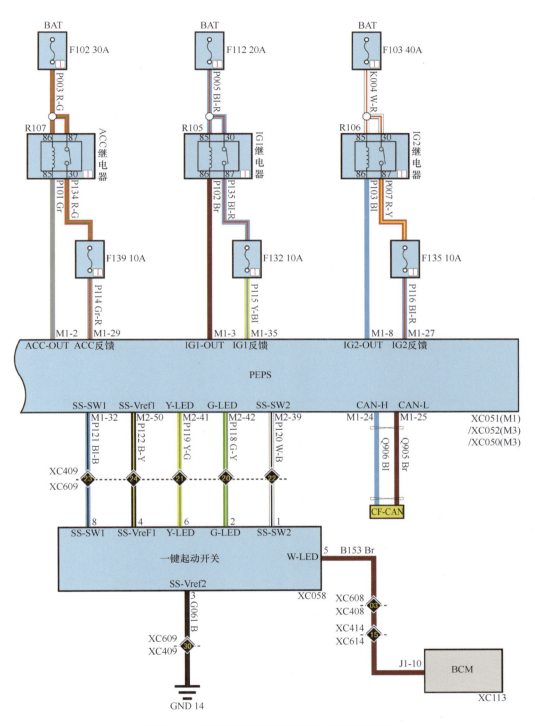

图 79-4　长城哈弗 H6 汽车 PEPS 系统电路图 3

你学会了吗?

1. 什么是无钥匙进入与起动系统？它由哪些部件组成？
2. 无钥匙进入与起动系统的工作原理是怎样的？
3. 长城哈弗 H6 汽车 PEPS 系统的电路原理是怎样的？

第 80 天　电动车窗系统

 学习目标

1. 了解电动车窗系统的作用、组成和操作方法。
2. 了解玻璃升降器的类型和结构原理。
3. 通过电路图弄懂电动车窗系统的电路原理。

 **基础知识**

一、电动车窗系统概述

电动车窗是通过车窗电动机和升降机构来驱动车窗玻璃升降的装置。如图 80-1 所示，电动车窗系统由电动车窗开关、车窗玻璃、玻璃升降器、车窗电动机、继电器及其控制电路组成。

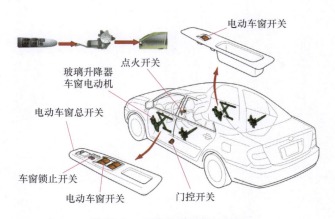

图 80-1　电动车窗系统的组成

装有电动车窗的车辆，在各个车门都装有玻璃升降开关的按钮。向上拉车窗按钮时，玻璃上升；向下按车窗按钮时，玻璃下降。在驾驶员侧的车门上有一个电动车窗总开关，可以控制各个车门玻璃的升降。电动车窗总开关上的车窗锁止开关可以切断其他各车窗的电源，使每个车窗的操作开关不起作用。

电动车窗升降器的类型有齿扇式、齿条式和拉索式。拉索式车窗升降器的结构如图 80-2 所示，车窗玻璃固定在前后导轨的两个托架上。当电动机运行时，托架在拉索的牵引下按指定的方向在车窗导轨上滑动，使车窗玻璃上升或下降。

二、电动车窗系统电路图

本田理念轿车的电动车窗系统电路如图80-3、图80-4所示。

打开点火开关时，接通 IG1、IG2 电源：IG1 电源向电动车窗继电器提供点火信号，继电器工作，蓄电池向驾驶员侧电动车窗开关供电；IG2 电源向电动车窗总开关中的前排乘客侧、左后、右后车窗开关及它们各自的分开关供电。

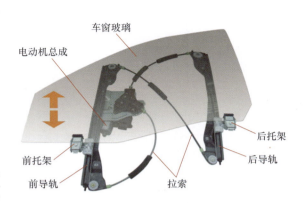

图80-2　拉索式车窗升降器的结构

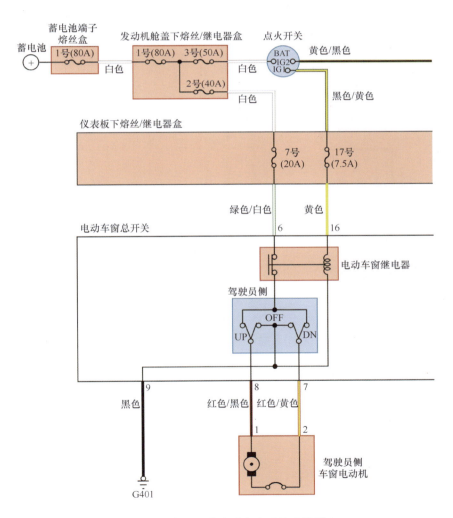

图80-3　本田理念电动车窗系统电路图1

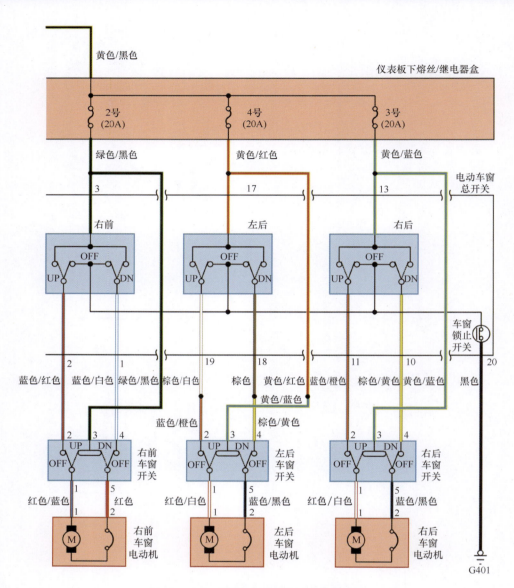

图 80-4　本田理念电动车窗系统电路图 2

在不操作电动车窗开关时，各车窗电动机的两极都是接地的。操作车窗开关时，就会使车窗电动机的一端接通电源正极，使车窗电动机正转或反转，实现车窗玻璃的升降。

如果车窗锁止开关在锁止位置，除了驾驶员侧车窗开关，其他车窗开关不能操纵车窗玻璃上升、下降。这是因为切断了其他车窗升降电动机的接地回路。

你学会了吗？

1. 电动车窗的作用是什么？由哪些部件组成？
2. 车窗升降器的类型有哪些？拉索式车窗升降器的工作原理是怎样的？
3. 本田理念轿车电动车窗系统的电路原理是怎样的？

第 81 天　电动天窗系统

1. 了解电动天窗系统的作用、组成和工作原理。
2. 学习常见车型的天窗初始化方法。
3. 学习天窗系统各种故障时的检测与维修方法。

汽车天窗安装于车顶，天窗的主要作用是利用行驶过程中天窗外部形成的负压将车内污浊空气排出车外，改善车内空气质量，迅速除却车内雾气，以及改善车内照明等。

如图 81-1 所示，电动天窗系统主要由天窗开关、天窗电动机、控制单元、天窗总成（包括天窗玻璃、遮阳板、导流板、密封条、滑动机构）等组成。

电动天窗系统的控制电路如图 81-2 所示。当点火钥匙在 ACC、ON 档时，可以通过天窗开关来操作天窗系统。按 SLIDE OPEN（滑移）按钮时，天窗控制单元将会驱动天窗电动机打开天窗玻璃；按 TILT UP（倾斜）按钮时，可以关闭天窗；天窗关闭后，按 TILT UP 按钮，按键时间不超过 0.5s，天窗自动上翘开启，直至最大位置。当天窗总成检测到点火钥匙被拔掉后，天窗玻璃将自动关闭。

图 81-1　电动天窗系统的组成

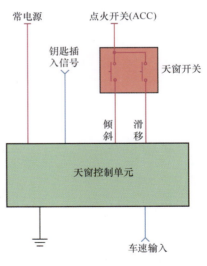

图 81-2　电动天窗系统控制电路

电动天窗及遮阳帘系统通常具备手动功能、自动功能、防夹功能及遥控关闭功能。
1) 手动功能：长按天窗或遮阳板开关，松开开关后天窗停止运动。
2) 自动功能：点按天窗或遮阳板开关，松开开关后，天窗自动运动到最大位置。
3) 防夹功能：天窗自动关闭时遇到障碍物，则天窗会自动恢复至全开或翘起状态。

4）遥控关闭功能：整车电源切换至 OFF 档，拔出钥匙（机械钥匙车型），全车车门关闭，长按钥匙闭锁键，天窗自动关闭。

 **实际操作**

一、电动天窗的初始化

1. 奇瑞车系天窗初始化方法

1）打开点火开关。
2）把天窗玻璃运行到完全张开（Tilt）状态下，继续按住15s以上张开（Tilt）按钮。
3）操作滑动天窗时，天窗控制器能正常启动并恢复其初始位置。

2. 本田车系天窗初始化方法

1）关闭点火开关。
2）按住倾斜开关，然后将点火开关转至 ON 位置。
3）松开倾斜开关，然后关闭点火开关。
4）重复步骤2和3 三次（即总共四次）。
5）检查 AUTO OPEN（自动打开）和 AUTO CLOSE（自动关闭）功能是否工作正常，如果正常则设定程序已完成。

3. 丰田车系天窗初始化方法

1）将点火开关转到 ON 位置。
2）确保滑动天窗完全关闭。
3）按压并保持 CLOSE/UP 开关直到完成下列动作：倾斜向上→约1s→倾斜向下→滑动开启→滑动关闭。
4）检查是否滑动天窗停止在完全闭合位置。
5）完成初始化。
6）检查自动操作是否正常工作。

二、各种故障的检修方法

天窗系统出现各种故障时的检测与维修方法见表81-1。

表81-1 天窗系统检修方法

故障现象	故 障 原 因	检 修 方 法
漏水	导水管的闭塞或折叠	检查导水管的状态
	天窗玻璃与车顶孔距离过大或玻璃高度不良	调整玻璃的相对位置
风噪较大	天窗玻璃与顶孔距离大的时候或玻璃高度不良或扰流板失效	调整玻璃的相对不良位置
系统启动、运行不正常	接线、熔丝、接地线不良	检查接线、熔丝、接地线
	天窗控制单元、天窗电动机不良	检测后跟换天窗控制单元与天窗电动机
	遮阳板脱离滑轨、装饰条破损	重新调整遮阳、板状态和安装或更换装饰条
	滑轨里有异物	检查除掉杂质

(续)

故障现象	故 障 原 因	检 修 方 法
系统错误启动	遮阳板的脱离轨道、装饰条破损后摩擦滑轨	把遮阳板重新调整安装和装饰条也重新安装（同时更换破损的零件）
	防夹紧功能不正常运作	检查车身与扰流板之间是否碰撞，张紧的弹簧松弛一下，检查除掉轨道上的异物
	天窗电动机不良	更换天窗电动机
运行噪声大	由遮阳板的脱离轨道、装饰条破损后阻挡运行	把遮阳板重新调整安装和装饰条也重新安装（同时更换破损的零件）
	导水管与车身的碰撞	把缓冲海绵贴在流水管周围
	车顶盖与天窗框架之间的碰撞	车顶盖与天窗支架中间涂玻璃胶或塑料胶
	天窗玻璃与车顶孔距离过大或者高度不良时	重新调整玻璃的高度及相关位置

你学会了吗？

1. 汽车天窗系统有什么作用？主要由哪些部件组成？
2. 天窗系统的工作原理是怎样的？
3. 电动天窗需要初始化的原因是什么？怎样进行初始化？
4. 天窗系统可能出现的故障有哪些？怎样检修？

第 82 天　电动后视镜系统

1. 了解电动后视镜系统的作用、组成和操作方法。
2. 通过电路图了解电动后视镜系统的电路原理。

一、电动后视镜系统概述

后视镜电动调节功能是针对车外两侧的后视镜。在调节镜片视角时，驾驶员不必手动操作，在车内通过电动按钮便可调节。如图82-1所示，电动后视镜系统一般由电动后视镜开关、镜片、镜座、直流电动机和控制电路等组成。后视镜镜片以枢轴为中心，在每个后视镜镜片的背后都有两个可逆电动机，可操纵其上下或左右运动。通常垂直方向的倾斜运动由一个永磁电动机控制，水平方向的倾斜运动由另一个永磁电动机控制。

电动后视镜由车门饰板或仪表板上的选择开关和调节开关联合控制。选择开关用于选择要调节的左边或右边的电动后视镜，调节开关则是控制镜片在上、下、左、右四个方向的摆动。每个后视镜内装有 2 个微型电动机，通过调节开关可使电动机驱动后视镜做上、下、左、右摆动，直到后视镜的反射视野范围达到所需位置。有的电动后视镜还具有折叠功能，停车时，可以将后视镜收拢。

二、电动后视镜电路

起亚 K2 轿车的电动后视镜电路如图 82-2 所示。点火开关在 ACC 以上位置时，可使用后视镜开关调整车外后视镜的角度。

要调整后视镜，先拨动选择开关杆到 R（右）或 L（左）位置，并按动向左/向右或向上/向下开关进行调整。调整结束后，拨动选择开关杆到中间位置，防止意外调整。

图 82-1 电动后视镜系统的组成

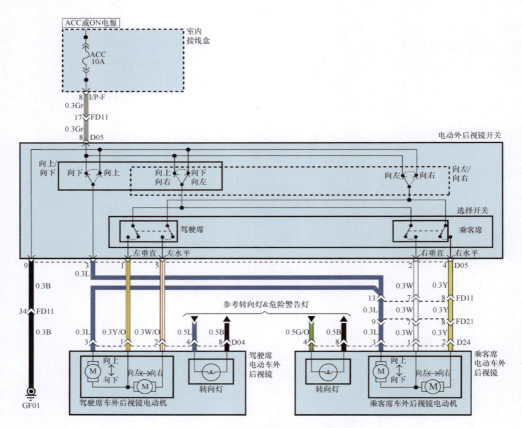

图 82-2 起亚 K2 轿车电动后视镜电路

你学会了吗？

1. 电动后视镜系统一般由哪些部件组成？它是怎样工作的？
2. 电动后视镜的操作方法及电路原理是怎样的？

第 83 天　刮水器和洗涤器系统

学习目标

1. 了解刮水器和洗涤器系统的作用和组成。
2. 通过电路图学习刮水器和洗涤器系统的电路控制原理。

基础知识

一、刮水器和洗涤器系统概述

刮水器和洗涤器系统的作用是在下雨时，通过刮除风窗玻璃和后窗玻璃上的雨水、积雪或灰尘等脏物，来保持风窗的视野清晰。系统通过洗涤器向风窗玻璃喷水，配合刮水器清除风窗玻璃上的污垢。如图 83-1 所示，刮水器和洗涤器系统主要由刮水器开关、刮水器电动机总成、刮臂总成、刮水连杆机构、刮片、洗涤泵、洗涤液储液罐、加液管及喷嘴等组成，具有点动、间歇、慢、快等不同的刮水功能。

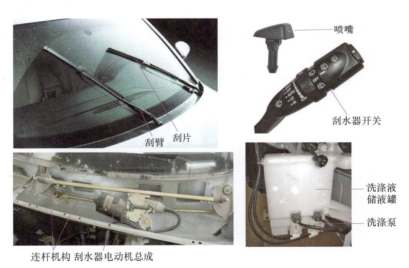

图 83-1　刮水器和洗涤器系统的组成

二、刮水器和洗涤器系统电路

本田理念轿车的刮水器和洗涤器电路如图 83-2 所示。

1) 刮水器开关 LO 位置：刮水器开关处于低速档位置时，电流输入至刮水器电动机针脚 6，通过电动机，到刮水器电动机针脚 2，再到刮水器开关针脚 11，通过 LO 触点从刮水器开关针脚 4 接地，刮水器电动机处于低速运行状态。

2) 刮水器开关 HI 位置：刮水器开关处于高速档位置时，电流输入至刮水器电动机针脚

6，通过电动机，到刮水器电动机针脚 1，再到刮水器开关针脚 5，通过 HI 触点从刮水器开关针脚 4 接地，刮水器电动机处于高速运行状态。

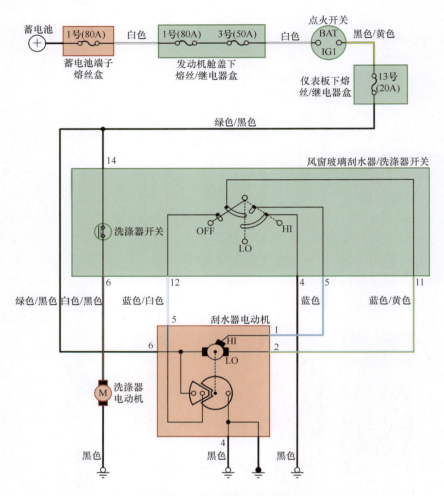

图 83-2　刮水器和洗涤器电路图

3）刮水器开关 OFF 位置：刮水器开关处于关闭档时，若刮臂不在正常停止位置，刮水器电动机将继续运转。此时电流输入刮水器电动机针脚 6，通过电动机，到刮水器电动机针脚 2，到刮水器开关针脚 11，通过 OFF 触点到刮水器开关针脚 12，然后到刮水器电动机针脚 5，通过凸轮开关从刮水器电动机针脚 4 接地。若刮臂在正常停止位置，则在凸轮开关的作用下，形成以下回路：

电枢线圈→刮水器电动机针脚 2→刮水器开关针脚 11→刮水器开关 OFF 触点→刮水器开关针脚 12→刮水器电动机针脚 5→凸轮开关→刮水器电动机公共端→电枢线圈。

因为在这个回路中电枢产生反电动势，对刮水器电动机产生电力制动，电动机立即停在固定位置。

4）刮水器开关洗涤位置：接通洗涤器开关时，电流从洗涤器电动机针脚 2，通过电动机，到洗涤器电动机针脚 1，然后至接地点。洗涤器电动机处于工作状态。

第六章 汽车电气系统维修必知必会

你学会了吗?

1. 刮水器和洗涤器系统的作用是什么？主要由哪些部件组成？
2. 刮水器开关的档位有哪些？它是怎样控制刮水器电动机工作的？
3. 刮水器电动机的停机复位是通过什么控制部件实现的？

第 84 天　汽车仪表系统

学习目标

1. 了解汽车仪表系统的作用和组成。
2. 通过电路图学习组合仪表电路的工作原理。

一、汽车仪表系统概述

汽车仪表是驾驶员与汽车进行信息交流的界面，用以监测汽车各系统的工作状况，为驾驶员提供必要的汽车运行信息，同时也是维修人员发现和排除故障的重要工具。现在的汽车通常采用电子式组合仪表，它通过传感器或其他系统获得报警或操作信息，并反映在组合仪表上。如图 84-1 所示，组合仪表由发动机水温表、发动机转速表、行车电脑多功能显示屏、车速表、燃油表、指示灯与警告灯等组成。组合仪表与各系统之间采用 CAN 总线通信，行车电脑多功能显示屏可以显示车辆的故障信息。

图 84-1　组合仪表的构成

汽车仪表正向综合信息系统的方向发展，其功能不局限于现在的车速、里程、发动机转速、油量、水温、转向灯指示等，还增添了一些新功能，比如带 ECU 和行车电脑的智能化汽车仪表，能指示发动机各种油耗情况、安全系统运行状态，如轮胎气压、制动装置、安全气囊等。

二、组合仪表电路

凯翼 X3 汽车的组合仪表电路如图 84-2 所示。

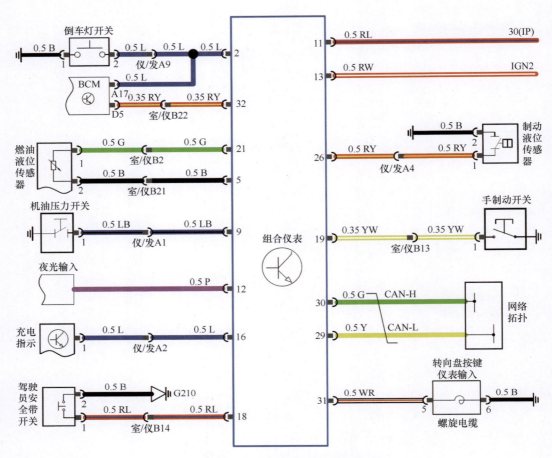

图 84-2 凯翼 X3 汽车组合仪表电路图

组合仪表位于驾驶员正前方的仪表板上，用来随时监视和显示车辆各系统和部件的工作状态，从而确保驾驶员可靠、安全地驾驶车辆。通过仪表、显示屏、信号灯显示各系统的工作状况，并通过灯光闪烁和声音报警来提醒和警告驾驶员。

 你学会了吗?

1. 汽车仪表系统的作用是什么？由哪些部件组成？
2. 组合仪表是通过哪些途径获得显示信号的？
3. 凯翼 X3 汽车组合仪表的电路原理是怎样的？

第七章 车身与涂装必知必会

钣金作业流程

第 85 天　汽车车身概述

学习目标

1. 了解承载式车身的结构组成和特点。
2. 了解非承载式车身的结构组成和特点。
3. 了解副车架的作用和结构原理。

基础知识

车身壳体按照受力情况分为承载式车身和非承载式车身。

一、承载式车身

承载式车身的结构如图 85-1 所示。采用承载式车身的汽车没有刚性车架，车身就作为发动机和底盘各总成的安装基体，车身兼有车架的作用并承受全部载荷。

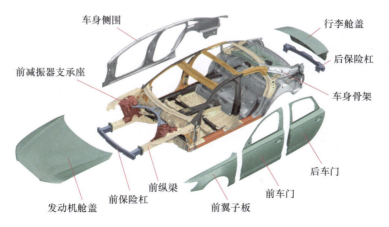

图 85-1　承载式车身的结构

承载式车身加强了车头、侧围、车尾、底板等部位，发动机、前后悬架、传动系统的一部分总成部件装配在车身上设计要求的位置，车身负载通过悬架装置传给车轮。承载式车身除了其固有的装载功能外,还要直接承受各种负荷力的作用。承载式车身不论在安全性还是在稳定性方面都有很大的提高,它具有质量小、高度低、装配易于等优点,大部分轿车采用这种车身结构。

二、非承载式车身

如图85-2所示,非承载式车身的汽车具有刚性车架(红色部分),又称底盘大梁架。其特点是车身通过橡胶软垫或弹簧与车架柔性连接。在非承载式车身中,发动机、传动系统的一部分、车身等总成部件都是用悬置装置固定在车架上,车架通过前后悬架装置与车轮连接。车架是支承全车的基础,承受着在其上所安装的各个总成的各种载荷。车身只承受所装载的人员和货物的重量及惯性力。

非承载式车身比较笨重,质量大,高度高,一般用在货车、客车和越野车上,也有部分高级轿车使用,因为它具有较好的平稳性和安全性。

三、副车架

某些轿车为了便于安装发动机和传动系统以及为了改善安装点部位受力状况和乘员舒适性而采用副车架结构。副车架可在底盘前、后端都加装或仅在前端加装。

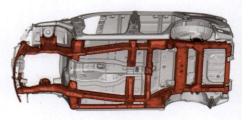

图85-2 非承载式车身

副车架又称为车桥支架,通常采用钢制管架结构,具有质量轻、结构强度高的特点。它用于固定横摆臂、稳定杆、横拉杆、转向器(前副车架)和后驱动桥(后副车架)。

对于前副车架(图85-3),发动机/变速器支架通过副车架上的连接件与副车架固定在一起,副车架再通过几个橡胶支承和螺栓固定在车身上。转向器也位于副车架上。这样,转向力可以更直接地传递到车轮上,转向反应的灵敏度也能因此而提高。

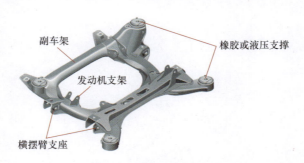

图85-3 前副车架的结构

你学会了吗?

1. 承载式车身的结构是怎样的?它有什么特点?
2. 非承载式车身的结构是怎样的?它有什么特点?
3. 副车架起什么作用?副车架是怎样安装在车上的?

第86天　汽车车身的主要构成

学习目标

1. 了解汽车前车身的组成及各部分的结构特点。
2. 了解汽车主车身的组成及各部分的结构特点。
3. 了解车门、发动机舱盖与行李舱盖的结构特点。

基础知识

一、前车身

如图86-1所示，汽车前车身由散热器支架、前翼子板、前围板、发动机舱盖和前挡泥板等组成。由于它们是用螺栓安装，因而易于分解。

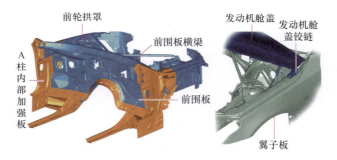

图86-1　前车身的结构

散热器支架由上支架、下支架和左右支架焊接而成。翼子板是遮盖车轮的车身外板，因旧式车身该部件形状及位置似鸟翼而得名。有些轿车的翼子板已与车身本体成为一个整体，但大部分轿车的翼子板是独立的，尤其是前翼子板，因为前翼子板碰撞机会比较多，采用独立装配易于整件更换。

前围板又叫前挡板或前隔板，是指发动机舱与乘员舱之间的隔板。它和地板、前立柱连接，安装在前围上盖板之下。前围板上有许多孔口，作为操纵用的拉索、拉杆、管路和电线束通过之用，还要配合踏板、转向柱等机件安装位置。为防止发动机舱里的废气、高温、噪声窜入乘员舱，前围板上要有密封措施和隔热装置。在发生意外事故时，它应具有足够的强度和刚度。

二、主车身

乘员舱和行李舱焊接在一起构成了主车身。它们由侧围板、车身底板、车顶板和后盖板等组成。侧围板由车身左右前立柱、内板和盖板侧外板等组成。传动轴通道纵贯地板中央。横梁与地板前部焊接在一起，并安装在车架上。当乘员舱受到侧向冲击碰撞时，中部宽的车架纵梁可使乘员舱得到保护。地板的四周边缘用压花工艺做成折皱，增加了地板的刚度，减少了振动。车身侧框架和车顶的结构如图86-2所示。

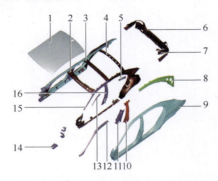

图86-2　车身侧框架和车顶的结构

1—车顶面板　2—天窗框板　3—车顶弓形架　4—后窗框　5—C柱加强件支架　6—尾部饰板　7—C柱尾部饰板拉带　8—C柱加强件　9—侧围板　10—B柱上部加强件　11—B柱下部加强件　12—A柱上部加强件　13—A柱加强件支架　14—车门槛加长件　15—前部内侧侧框架　16—B柱内侧

车身底板是整个乘员舱的基础，它支撑着乘员舱、驾驶员和乘客的重量，同时还承受汽车运动中产生的振动、冲击和力矩。底板对整车的刚性、隔声性能和乘坐舒适性有很大的影响。车身底板总成的结构如图86-3所示。

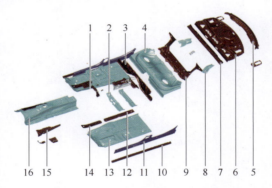

图86-3　车身底板总成的结构

1—转向柱支撑托架　2—前部座椅横梁　3—后部底板横梁　4—后部底板　5—下部后窗框　6—行李舱上部隔板　7—行李舱隔板横梁　8—左后底板　9—通入式装载系统框架侧面　10—侧框架外侧盖板　11—前部侧纵梁　12—发动机支架后部加长件　13—前部底板　14—发动机支架上部部件　15—变速器传动轴盖板连接板　16—变速器传动轴盖板（通道）

三、车门

车门的质量直接关系到整车的舒适性和安全性。如图86-4所示，车门由车门外板、用于固定安装件的车门板总成、加强梁、防撞梁（杆）、门框、门铰链、门锁及门窗附件组成。其中，内板、加强梁和防撞梁以点焊结合在一起，而内板和外板通常是以折边连接。车门的形式大致分为窗框车门、冲压成形车门和无窗框车门三种。

四、发动机舱盖与行李舱盖

发动机舱盖是覆盖发动机舱的盖板，对它的主要要求是隔声好、重量轻、刚性强。发动机舱盖一般由外板和内板组成,中间夹以隔热材料,内板起到增强刚性的作用。

发动机舱盖开启时一般是向后翻转,也有小部分是向前翻转。向后翻转的发动机舱盖打开至预定角度,不可与前风窗玻璃接触,应有一个约为 10mm 的最小间距。为防止在行驶中由于振动自行开启,发动机舱盖前端要有保险锁钩锁止装置,锁止装置开关设置在仪表板下面,当车门锁住时发动机舱盖也应同时锁住。

如图 86-5 所示,行李舱盖也包括外板和内板,内板有加强筋。行李箱盖开启的支撑件一般用钩形铰链及四连杆铰链,铰链装有平衡弹簧,使开闭舱盖省力,并可自动固定在打开位置。

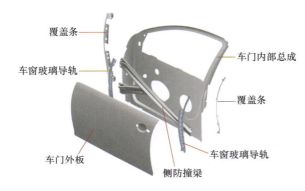

图 86-4　车门的结构

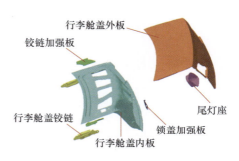

图 86-5　行李舱盖的结构

你学会了吗?

1. 汽车前车身由哪些部分组成?它们的结构是怎样的?
2. 汽车主车身由哪些部分构成?它们的结构是怎样的?
3. 车门的结构是怎样的?车门的形式大致分为几种?
4. 发动机舱盖与行李舱盖的结构是怎样的?

第 87 天　车身钣金修复方法

学习目标

1. 了解车身金属板的损坏类型及修理方法。
2. 学习外形修复机的使用方法。
3. 学习曲面凹陷变形、车门外板大面积凹陷的矫正方法。

实际操作

一、车身金属板的损坏类型及修理方法

直接损坏是车辆发生碰撞事故,物体与金属板直接接触而造成的损坏,也就是碰撞点部位的损坏。直接损坏通常以断裂、擦伤或划痕的形式出现，肉眼就能看到。可以对严重的直接损坏进行修理，但现在的车身上使用的一般是薄金属板，难以重新加工，矫正修理需要花费很多工时。因而，实际上一般不对受到直接损坏的部位进行修理，直接损坏部位的修复需要使用填充剂（如腻子）进行填充。

碰撞除了产生直接损坏，还产生间接损坏，即间接损坏是由直接损坏引起的，如图87-1所示。在实际车身碰撞结果中，间接损坏占了损坏类型的绝大多数。各种构件所受到的间接损坏基本相同，它会产生弯曲、压缩。大部分的金属板可以采用相同的方法进行修理，只是由于被损坏部位的尺寸、硬度和位置不同，所用的修理工具也就不同。

二、外形修复机的使用方法

外形修复机可以很轻松地将金属板件上的凹陷拉出来。如图87-2所示，外形修复机可以对焊接垫圈、焊钉、螺柱、星形焊片等进行拉伸操作，还可以使用铜触头和碳棒进行收缩操作。外形修复机的使用方法如下：

图87-1　直接损坏和间接损坏

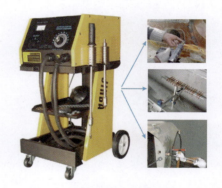

图87-2　外形修复机的使用方法

1) 首先用主机的转换开关选择所需要的作业方式。
2) 把搭铁线连接到离损伤部件较近的地方。
3) 连接的方法是用搭铁的夹钳夹住金属板或直接把搭铁钱焊接到金属板上。
4) 需要焊接垫圈的损伤部位也要把涂层打磨掉。
5) 把垫圈安装到焊枪上，然后将垫圈抵在金属板上。
6) 按下焊枪的开关，通电后垫圈就焊接在金属板上了。然后就可以使用拉出器对金属板进行拉伸修复。
7) 使用过的垫圈拆除时，用钳子夹住后，左右拧就可以轻松拆下来。
8) 拉伸修复操作完成后，在盘式打磨机上装上打磨纸，轻轻地对金属进行整体打磨，把焊接印打磨掉。
9) 最后把金属板上去除涂层的部分进行防腐处理，注意金属板上焊点的反面和搭铁都要进行处理。

三、曲面凹陷变形的矫正方法

矫正大凹面需要用到火焰矫正工艺。首先可用喷灯将凹面中间部位加热至粉红色的炽热状态，然后在中间部位下侧以顶铁顶起，从而使原来凹陷得到初步复位。再用锤子和顶铁相互配合将四周变高的部分逐渐敲平，恢复原来的几何形状。

修整如翼子板、挡泥板等表面曲率较大的部位（高凸面）时，可先用火焰加热，然后顶铁顶起，最后锤击敲平，达到原来的外形形状。

1）曲面凹陷变形的矫正方法如下：

① 如图87-3所示，将顶铁放在稍偏于锤击之处，锤击点为凹凸不平表面的较高部位，顶铁置于较低部位。

② 锤子的敲击使得凸起部分的端部逐渐向下压，顶铁的压力使凹陷部分趋于平整。

2）小凹痕的矫正方法有以下几种：

① 用镐锤的尖头把凹陷处从里往外锤平。

② 用撬棍伸进狭窄的空间，把凹陷撬平。此法一般用来撬平车门、后翼子板和其他封闭式车身板的凹陷。

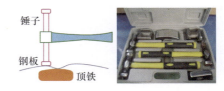

图87-3 曲面凹陷变形的矫正

③ 用凹陷拉拔器将凹陷拉平，主要用于封闭型车身板或从后面无法接近的皱折。

④ 用拉拔杆将凹陷拉平，敲打和拉拔使凸起部降低、凹陷上升。

四、车门外板大面积凹陷的修复方法

车门外板在受到外力碰撞导致大面积凹陷变形时，其修复过程如下：

1）拆卸车门上的装饰件。

2）使用干净的布清除车门外板及其凹陷区域和气动吸盘橡胶盘面上的灰尘、杂质。

3）把气动吸盘的橡胶盘面按压到车门外板上，开启抽气开关抽出吸盘与车门外板间的空气以形成负压，使吸盘紧吸在车门外板上。

4）如图87-4所示，用气动吸盘上的滑锤拉出凹陷，同时用橡皮锤不断从凹陷边缘开始向凹陷最深处敲击，使其大体上逐渐恢复原样。

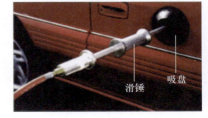

图87-4 拉出车门外板凹陷

5）取下吸盘，用橡胶锤敲击折痕较轻的部位。如果用橡胶锤不能使其平整，即用钣金锤或匙形铁对损坏区域进行敲击。

6）用手触摸车门外板，通过手的触感找出车门外板不平的地方。

7）使用气动磨盘对不平处进行磨平，最终使得车门外板的损坏得到修复。

你学会了吗？

1. 车身金属板的损坏类型有哪些？
2. 外形修复机有什么作用？怎样使用外形修复机？
3. 怎样修复曲面凹陷变形？
4. 怎样修复车门外板大面积凹陷？

第 88 天　车身面板的更换

> **学习目标**
> 1. 学习车身面板的拆卸及旧表面和新表面的修整方法。
> 2. 掌握车身新面板的对准和重新焊接方法。

实际操作

拆除与更换车身面板的主要标准是尽可能保持原有标准。个别维修在细节上有差异,以下介绍的步骤强调简化维修,减少不必要的工作。

图 88-1　电阻点焊位置

一、拆下车身面板

1)露出电阻点焊,如图 88-1 所示。由于点焊不明显,可使用一个旋转滚筒磨光机或安装到气钻上的钢丝刷,或手持式钢丝刷。

> **注意**
> 在露出点焊前,在轮罩区域,有必要用一个热气枪软化车身底部涂层。

2)用钻头切割焊缝。
3)也可以使用一个夹紧式点焊排焊机。
4)需要时,用气锯切除大块面板。

> **注意**
> 在切掉大块面板之前,应使用磨光机清除某些面板接合处的 MIG 焊缝和钎焊。

5)用锤子、垫板凿刀和钳子分开电焊接点并去除面板残料。

二、修整旧表面

1)用热气枪清除所有残留密封胶来减少焊接时因热产生的有毒烟气。
2)用带式磨光机或砂轮机将所有面板接合边缘处修整得光亮平整。
3)用成型块(顶铁)和锤子矫正现有面板接缝边。

三、修整新表面

1)标出新面板的大致轮廓,并将其修整到规格尺寸,为现有面板留出约 40mm 的交叠处,如图 88-2 所示。提供新面板/截面与相关面板(如新车身侧围板与车门和行李舱盖)对准并夹紧到位。

2）必要时，切下新面板和现有面板从而形成对接、榫接或钎缝接头。取走所有夹具并清除金属残料。

3）将修整新面板接缝处用砂纸打磨抛光成镜面用于焊接（包括内外表面）。

4）用刷子或气溶胶罐在面板接合面涂上合适的焊透底漆以供焊接。

5）如果可行，在面板接合面涂上合适的密封胶或黏合剂。

四、提供和对准

提供新面板并与相关面板对准，用焊钳或夹钳夹紧到位，如图 88-3 所示。在采用对接或钎接处，在原面板接合边放一个装置或在接缝后面插入一个拉索。

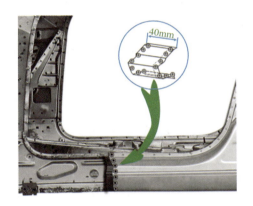

图 88-2　面板交叠处

图 88-3　夹紧新面板

1）选择用于电阻点焊的电焊臂并用焊嘴修整机为电极头定形。修整焊嘴，使其直径相当于所要焊接的金属厚度的 2 倍再多出 3.0mm。

2）用试验硅片，装上电阻点焊臂和试验设备以满足操作要求。如果没有检测设备，通过检查拉伸过程中，金属周围分开的焊接熔池拉丝来检验焊缝强度。

3）需要时可采用熔化极惰性气体保护（MIG）定位焊对接，重新检查对准情况和面板轮廓。

4）用砂盘磨光机或带式磨光机修整熔化极惰性气体保护定位焊。

5）熔化极惰性气体保护缝焊对接接头。

6）在金属过厚或焊嘴接近受限区域始终采用熔化极惰性气体保护塞焊。可用点焊切割机留下的孔进行塞焊，也可专门冲孔或钻孔（直径约 8mm）用于塞焊。

7）用砂盘磨光机或带式磨光机或钢丝刷来修整所有焊接。在修整焊接时，尽可能少地进行表面清理以保护锌镀层。

你学会了吗?

1. 怎样拆下损坏的车身旧面板？
2. 怎样修整旧表面和新表面？
3. 怎样对准车身新面板并将其焊接到原车身上？

第89天 汽车油漆涂层概述

1. 了解汽车油漆涂层的作用和汽车漆面的结构。
2. 了解汽车各油漆涂层的作用。

油漆是一种混合液体，可以涂装在多种底材上。油漆干燥后形成固体漆膜，达到保护底材、美化外观的作用。车辆出厂时已喷涂电泳底漆、中涂漆、色漆和透明漆四层油漆，使其有良好的抗腐蚀性和光泽。

一、汽车油漆涂层的作用

汽车漆面涂层作为汽车车身的遮盖层，主要起以下几方面的作用：

1）保护作用。汽车漆在汽车上形成牢固附着的连续薄膜，可免受其表面与周围介质发生化学或电化学反应，阻止或延迟对汽车破坏现象的发生和发展。

2）美观作用。给汽车表面涂上各种颜色鲜艳及富有光泽的涂料，使汽车显得美观大方、明快舒畅，给人以美的感受，还彰显了车辆的个性。丰满的漆膜还可以提高汽车的档次。

3）识别作用。汽车漆的颜色可标志汽车的种类和作用，如邮政车为绿色、救护车一般为白色、消防车为红色。

4）其他作用。有些汽车用涂料可提高汽车的舒适性和密封性，防止振动产生的噪声。

二、汽车漆面的结构

汽车漆面涂装在车身钢板（镀锌层）上的分层结构如图89-1所示。

在涂装前的处理过程中，将整个车身脱脂、清洗并通过浸泡方式涂上一层磷酸锌。把车身用清水清洗后，将其放在可溶底漆的电解池中（阳离子电泳）。这会在车身、立柱、门槛和板件连接的内表面和拐角处形成牢固的防腐保护层。然后将抗破裂底漆喷涂到大部分易受影响的部位。之后将二道底漆喷涂到预处理好的表面，以进一步防止损坏。汽车车身最后一层漆层是面漆，以显现汽车的颜色，面漆可以喷涂一层或两层。为了有良好的附着力、光滑、明亮和耐候性，面漆采用瓷漆、聚酯漆或丙烯酸树脂漆。

图89-1 汽车漆面漆层的结构

三、汽车各油漆涂层的作用

汽车生产时的油漆涂层主要由原材料防腐层（镀锌层）、磷酸锌层、电泳漆层、中涂层和面漆层组成；售后油漆修补涂层主要由底漆层、腻子层、中涂层、色漆层和清漆层组成，如图89-2所示。

汽车漆面各单一涂层的作用如下：

1）镀锌层。它具有优良的防腐防锈功能、涂漆性、装饰性和成形性。

2）磷酸锌层。它是直接涂饰在经过表面处理的工件表面上的第一道漆，是整个涂层的基础。其特点为：

① 对经过表面处理的工件表面应有很好的附着力，所形成的底漆漆膜应具有极好的机械强度。

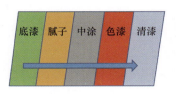

图89-2 售后油漆修补涂层

② 本身必须是抗腐蚀剂，底漆涂层必须具有极好的耐腐蚀性、耐水性和抗化学性。

③ 与中间涂层或面漆涂层的配套良好。

④ 具有良好的施工性能。

3）电泳漆层。它可以提高空腔防腐性能，改善涂膜厚度的均匀性和流平性，提高涂膜质量，提高涂装效率和涂料利用率。

4）腻子层。它用于预涂底漆的物面，以填平物体表面凹坑、焊接缝及擦伤、锈眼等缺陷，直至形成平整光滑的表面。

5）中涂层。中涂层是涂面漆前的最后一道中间涂层，它的漆基含量介于底漆和面漆之间，涂膜呈光亮和半光亮状态。它具有如下功能：

① 增强底漆和面漆之间的结合力。

② 增加涂层总厚度，提高丰满度。

③ 提高底面漆的耐腐蚀能力和耐候性。

④ 填补底材表面的微小缺陷。

⑤ 提高面漆的装饰性能。

6）面漆层。汽车面漆是汽车多层涂层中最后使用的涂料，它直接影响汽车的装饰性、耐候性、保光保色性、耐化学品性、抗沾污性及外观。

你学会了吗？

1. 汽车油漆涂层起什么作用？车辆出厂时已喷涂哪些油漆？
2. 汽车漆面的结构是怎样的？
3. 汽车各油漆涂层分别起什么作用？

第90天　面漆的分类与涂装工艺

学习目标

1. 了解汽车面漆的类型有哪些。
2. 了解汽车车身的涂装工艺。

基础知识

1）汽车面漆按颜色效果可分为：

① 纯色漆：仅含本色面漆，一般施工厚度为 30～40μm。

② 金属漆：包含金属底色漆层（15～20μm）和罩光清漆层（30～40μm）。

③ 珍珠漆：包含封底色漆层（20～40μm）、珠光色漆层（20～30μm）和罩光清漆层（30～40μm）。

2）汽车面漆按施工工序可分为：

① 单工序：喷涂同一种涂料即形成完整的面涂层的喷涂系统，包括单工序纯色漆和单工序金属漆。

② 双工序：喷涂两种不同的涂料才能形成完整的面涂层的喷涂系统，通常是先喷涂色漆，然后再喷涂罩光清漆；包括双工序纯色漆、双工序金属漆和双工序珍珠漆。

③ 三工序：通常需要先喷一层打底色漆，然后喷一层珍珠漆，最后喷罩光清漆，三个涂层结合才能形成完整的面漆层；包括三工序珍珠漆和着色清漆。

实际操作

汽车涂装工艺，一般可分为两大部分：涂装前金属的表面处理，也叫前处理技术；涂层的施工工艺。

一、表面预处理

1. 表面清洁

在进行涂装操作时，需要彻底清洗整车上的泥土、污垢和其他异物，尤其需要注意车门边框、行李舱、发动机舱缝隙和轮罩处的污垢。如果不清洗干净，新油漆的漆膜上可能会沾上很多污点。处理化学溶性物质时，使用专用擦布蘸除油剂涂抹在表面，再用另一块洁净的干燥擦布擦净除油剂以及油脂等残留物。

2. 涂层鉴别

鉴定涂层情况时，一定选在受损区域内进行，以免扩大损伤面积。

1）视觉检查法。用粗蜡或砂纸打磨漆面，若布上沾有漆迹，则说明漆面是单层式面漆（涂膜表面没有涂装清漆）；若没有沾上漆色，则说明漆面是双层或三层式面漆。若漆面表层结构粗糙，经打磨后产生一种类似抛光的效果，则说明涂敷的是一种抛光型漆。

2）涂抹溶剂法。一般情况，用棉纱浸入硝基稀释剂，在涂装表面上摩擦，擦不掉的涂料便是烘烤型或聚氨酯型，而可擦到布上的涂料则是自然干燥型（硝基型）。

3）加热检查法。首先用 P800 号砂纸湿磨，消除原漆面光泽，然后用红外线灯加热打磨过的部位。如果这时漆面上的光泽重现，表明涂层是树脂型漆，一般涂层加热后会发生一定程度的变软。

3. 去除旧漆膜

车身清洗好后，要仔细检查车身漆面，寻找漆膜破损迹象，如气泡、龟裂、脱落、锈蚀以及在烤补、气焊等修理过程中引起的部分损伤。对于上述破损，必须将旧漆膜清除掉，清除程度可根据旧漆膜的损伤程度和重新涂装后的质量要求进行全部和部分清除。建议使用 P80～P180

号砂纸打磨出羽状边,如图90-1所示。

清除旧漆膜的方法主要包括手工法、打磨法、机械法和化学法。

4. 金属表面的除油和除锈

1) 去除表面锈点、锈斑。金属除锈的方法主要包括手工除锈(抛光、磨光及高压水等方法)、机械除锈、化学除锈和超声波除锈法。不同的锈蚀情况应选择不同的除锈方法。

2) 再次对金属表面进行清洁。

二、涂层的施工

1. 喷涂底漆

1) 遮蔽修补区域的周边,准备喷涂头道底漆。

2) 用一块浸满清洁剂的软布擦拭待喷涂表面,同时用另一块干净的软布擦干表面残留的清洁剂。

3) 用压缩空气再次吹净表面。

4) 喷涂防锈底漆,并风干。

2. 腻子施工(更换新件时不需要)

1) 参照说明书规定的比例调配原子灰和固化剂。

2) 使用清洁的调灰板,每次只调配够本次使用的原子灰。

3) 首先填充砂纸痕和气孔,然后全面刮涂原子灰,如图90-2所示。

图90-1 打磨出羽状边

图90-2 刮涂原子灰

4) 刮涂后晾置5min,然后用红外烤灯按照原子灰的说明书规定进行烘烤。

5) 佩戴防尘面罩,选用适当型号砂纸配合硬质打磨垫打磨,可以使用轨道打磨机打磨,注意不要打磨到周边的区域;使用打磨垫块打磨时,应沿水平方向打磨,并从上部开始,逐步向下移动。

6) 使用空气吹尘枪清洁修补表面。

7) 使用一块浸满清洁剂的软布擦拭,同时用另一块干净的布擦干。

3. 中涂施工

1) 遮蔽修补区域的周边,准备喷涂中涂底漆。

2) 用一块浸满清洁剂的软布擦拭待喷涂表面,同时用另一块干净的软布擦干表面残留的清洁剂。

3) 用压缩空气再次吹净表面。

4) 参照说明书中的配比调配中涂底漆、固化剂和稀释剂。

5) 首先,轻喷一层中涂漆,晾干5min后,再湿喷两遍。

6) 待漆膜流平10~15min后,可以用红外烤灯进行固化。

7）先用 P240～P400 号砂纸进行粗磨，然后用 P600～P800 号砂纸进行细打磨。

8）去除修补区域周边的遮蔽纸，然后用压缩空气吹净修补区域的内外表面，彻底清除磨屑和水分。

4. 面漆施工

1）检查颜色代码，然后根据代码查出颜色配方。

2）将修补区域周边的车身表面抛光，以获得准确的配色。

3）使用日光灯或在阳光下检查调配颜色与原车身颜色的差别。

4）遮蔽修补区域的周边，如图 90-3 所示。

5）试喷，检查气压、出漆量、扇形及雾化状况。

6）湿喷两道色浆，每道之间流平 5～10min。

7）对于银粉漆，可以最后再虚喷一道，保证银粉均匀分布。

5. 清漆施工

1）色漆层喷涂完毕，晾干约 15min 后，可以喷清漆：首先，湿喷一道清漆，并晾干 5～10min；再湿喷第二道清漆，晾干 15min 后可以加热烘烤。

2）按照产品规定的温度和时间加热固化漆膜，或用远红外烘灯强制干燥 15min。

3）加热固化后，要等漆膜完全冷却后才可进行打磨、抛光等。

6. 抛光打蜡

1）待漆膜彻底冷却后，用 P1500/P2000 号砂纸打磨漆面上的尘点、流挂等缺陷。

2）使用粗蜡配合羊毛轮对打磨部位进行研磨。研磨开始时，抛光机的转速不要太高，要慢慢提高旋转速度。

3）使用细蜡配合海绵轮进行抛光处理，如图 90-4 所示。

4）换上干净的海绵轮，用上光蜡去除抛光留下的旋蜗痕迹，使漆面恢复原有的光泽。

5）在灯光下检查喷涂部位颜色调配的准确度，然后再到户外阳光下检查。

图 90-3　汽车喷涂遮蔽

图 90-4　上蜡抛光

你学会了吗？

1. 汽车面漆按颜色效果可分为哪些类型？
2. 汽车面漆按施工工序可分为哪些类型？
3. 汽车的涂装工艺包括哪两大部分？涂层的施工工艺是怎样的？